Ulla Thombansen

Die Thombansen-Saga

Geschichte einer Metzgerfamilie

im Paderborner Land

Die Autorin

Im März 1950 ist die Ulla als Nachkriegs-Unternehmertochter geboren und in die Studentenbewegung hineingewachsen. 1970 hat sie in Freiburg als Studentin der Volkswirtschaft den Mitstudenten Heiner Thombansen kennengelernt, ist ihm nach ihrem Diplom in seine Heimat nach Schloss Neuhaus bei Paderborn gefolgt und hat ihn 1973 geheiratet.

Seit mehr als 50 Jahren ist sie nun Heiners Ehefrau und hat das Metzgerleben von ihm und seiner Familie in Paderborn-Schloss Neuhaus aufgesogen. Als neugierige und reisefreudige Entwicklerin und selbstständige Unternehmerin in Mitarbeitertraining, Coaching und Beratung begleitet sie ihren Mann über die Jahre und wohnt bis heute mit ihm in seinem elterlichen Haus – bis auf einen Zwischenstopp von einigen Jahren in Niedersachsen. Dabei hat die Jahrhunderte lange Metzgertradition, die in der DNA der Familie fest verankert ist, durchaus auf sie abgefärbt.

Ihre aktuellen Kennzeichen: Familienmensch, Autorin mit ihrer Autobiografie "Fisch unter Bäumen – Meine Lebensgeschichte als Babyboomerin", Ahnenforscherin und jetzt Teilzeit-Pensionärin mit immer noch ein bisschen Arbeit sowie neuen Familien- und Reisezielen.

Ulla Thombansen

Eintauchen in eine außergewöhnliche Familiengeschichte:

Die Thombansen-Saga

Eine ostwestfälische Handwerks-Chronik samt
Historie rund um das Residenzschloss in Neuhaus
bei Paderborn. Vom diplomierten Metzgermeister
Heiner ausgehend zurück über seine Ahnenreihen
bis ins späte 17. Jahrhundert.

Impressum

Texte und Umschlag: Copyright by Ulla Thombansen 2024.
2. Auflage

Verantwortlich für den Inhalt:
Ursula Thombansen, Im Quinhagen 2, 33104 Paderborn
ulla@thombansen.net

Bilder: Wie jeweils in der Unterschrift angegeben
Bilder auf dem Umschlag vorne: Fotoalben Familie Thombansen
Portrait auf dem Umschlag hinten: Dave Lubek Photographie

Die Deutsche Nationalbibliothek verzeichnet diese Publikation in der
Deutschen Nationalbibliografie: Detaillierte bibliografische Daten
sind im Internet abrufbar unter dnd.dnd.de.

Verlag: BoD · Books on Demand GmbH, In de Tarpen 42,
22848 Norderstedt
Druck: Libri Plureos GmbH, Friedensallee 273, 22763 Hamburg

ISBN: 978-3-7693-1397-0

Für die Familie

Die Thombansen-Saga
Geschichte einer Metzgerfamilie im Paderborner Land

Willkommen und Danke!

Als Autorin heiße ich Sie & Euch herzlich willkommen zur Thombansen-Saga! Was für eine Familie, in die ich da hineingeheiratet habe! Sieben Generationen arbeiten nachweislich und treu rund um das Residenzschloss in Neuhaus bei Paderborn bis 1976 in Metzgerhandwerk und Fleischwarenfabrik, davor gibt es Spuren im Raum Gütersloh. Und danach wirkt mein Mann Heiner Thombansen noch bis 2023 als Metzger in der Fleischwarenindustrie. Dann ist bei Thombansen's Schluss mit Metzgern, und der Strukturwandel führt die nächsten Generationen in andere Berufe.

In der Weihnachtszeit 2023 wird Heiner und mir bewusst, dass zum Jahreswechsel die Familientradition enden wird, wenn er aus der polnischen Fleischwarenmanufaktur ausscheidet. Unsere Kinder, Nichten und Neffen haben andere Ausbildungen und Berufe gewählt. Das ist erlebter Zeitenwandel, wie er im Buche steht – aber nichts Neues, denn meine Recherchen zu dieser Familien-Biografie haben mich überzeugt, dass tiefe und schnelle Veränderungen keine Erfindung unserer Tage sind. Auch unsere Vorfahren müssen sich dauernd aufs Neue mit klimatischen, gesellschaftlichen, gesundheitlichen, ja, auch Herrschafts-Veränderungen herumschlagen.

Diese Thombansen-Saga startet nachverfolgbar neun Generationen vor Heiner, damals im 17. Jahrhundert in Kattenstroth, was seit 1910 ein Teil von Gütersloh ist und wo sich die Herkunft der Vorfahren verliert. Mitte der 1770er Jahre – also vor sechs Generationen – kommt Ewerd Tombanse als "Hofmetzger" von dort an den Fürstbischöflichen Hof in Neuhaus.

Mit dieser Auszeichnung kann er einerseits sein Gewerbe aufbauen, und andererseits sichert sich der Hof eine zuverlässige Belieferung. Bis heute zeigt sich die Metzger-Ahnenfolge ununterbrochen und verzweigt sich zudem in diverse Linien. Also bleibt in Neuhaus eine Zeitspanne von einem viertel Jahrtausend (!) mit viel Geschichte und Umbrüchen zu beschreiben. Das habe ich zusammen mit Heiner gerne in Angriff genommen, wobei ich familiäre und lokale Historie mit Handwerksgeschichte bis hin zum aktuellen Metzgereisterben verbinde. Dabei will ich Erinnerungen nachverfolgbar machen, Fäden der gelebten Epochen bündeln und Typisches offenlegen, ja: das Werden von damals bis heute dokumentieren.

Niemals hätte ich gedacht, wie viel Begeisterung und Unterstützung ich in der Familie mit meiner ersten Ankündigungsmail für das Projekt lostrete. Kinder, Schwiegerkinder, Cousins und Cousinen, Großvettern und Großneffen sagen sofort ihre Hilfe zu und werden aktiv.

So verdanke ich Roald Gramlich viele Unterlagen aus der Sammlung Thombansen, die er im Stammhaus Schlossstraße 6 rechtzeitig vor dem endgültigen Verlust rettet, bevor das altehrwürdige Gebäude für die aktuelle Sanierung entkernt wird. Von Heiners Großcousin Konrad Thombansen und von Cousine Dr. Beate Mathias kommen die ersten textlichen Beschreibungen der Ahnenreihe, garniert mit Bildern. Großneffe Dr. Bastian Budde hat die Einträge in Kirchenbüchern und Standesämtern ausgegraben. Daniel Thombansen und seine Ilka aus Lippstadt haben mit ihrer Tante Dagmar Fotos, Geschichten und Daten aus ihrer Linie beigesteuert. Christian & Stefanie Thombansen sowie Henning Probst haben mit viel Engagement die erste und zweite Auflage lektoriert und Einiges an Texten optimiert.

Und da ist Michael Pavlicic, der seit mehr als 40 Jahren als Ortsheimatpfleger und Lokalhistoriker den Flecken Neuhaus und seine Geschichte aus dem "FF" kennt. Er rettet dessen Wurzeln in seinen Publikationen und historischen Führungen vor dem Vergessen und sagt sofort seine Unterstützung bei diesem Werk zu. Er achtet vor allem darauf, dass meine historischen Ausführungen passen, und sein Wissen hat für mich viele Familien und ihre Häuser im Ort lebendig werden lassen.

Das Staatsarchiv in Münster, das Kreisarchiv Gütersloh, das Stadt- und Kreisarchiv Paderborn sowie die hiesige Erzbischöfliche Akademische Bibliothek haben mich mit Quellen und Bildern versorgt, ebenso wie die Kreishandwerkerschaft in Paderborn und die Handwerkerschaft OWL zu Bielefeld Informationen liefern konnten.

Ihnen allen sage ich herzlich "Danke"! Und natürlich meinem Mann Heiner, der das Werk mehrfach gelesen und mein Schreiben lebendig gehalten hat mit seinem Feedback und all den Erinnerungen, die ihm ständig und zuverlässig immer wieder auf's Neue eingefallen sind. Neben ein paar Überarbeitungen ist einiges neu in dieser zweiten Version gelandet.

Ich habe mich durch all die Daten und Informationen gekämpft und versucht, einen lückenlosen Stammbaum zu entwickeln, der bei mir im Wohnbüro an der Pinnwand hängt, aber in seiner Fülle nicht zusammenhängend ins Buch passt. Deshalb findet er in *Anlage 1* Platz, gegliedert nach den sich verzweigenden Teilfamilien, sofern sie ihre Lebensdaten zur Veröffentlichung genehmigt haben. Die Jungen und nicht explizit Freigegebenen habe ich pauschaliert genannt. Das kann weiter wachsen. Es lebt halt!

In der Geschichte sehe ich zwei Teile, die sich inhaltlich unterscheiden. *Teil 1* umfasst das Historische mit den frühen Metzgern Thombansen und ihren Familien sowie dem Umfeld, in dem sie vormals lebten. Das ist Geschichte und speist sich aus Überlieferung und Dokumenten. Im *Teil 2* stelle ich das Gegenwärtige dar, das Heiner und ich in unserer Lebenszeit erfahren und mitgeprägt haben und wozu uns und den vielen Verwandten laufend wieder etwas einfällt.

Wie gesagt: Es lebt!

Vor allem im *Teil 1* sind Familiäres und Historisches miteinander verwoben. Dabei präsentiert sich eher Geschichtliches auf leicht grauem Grund und die Familien-Chronik auf weißem Feld Das gibt Ihnen & Euch die Chance, sich auf das zu konzentrieren, was besonders inte–ressiert.

Paderborn, den 20. November 2024

Ulla Thombansen

Die Thombansen-Saga

Geschichte einer Metzgerfamilie im Paderborner Land

Teil 1: Die Metzger Thombansen in vier Jahrhunderten

Quelle und Mündung

Die Geschichte der Thombansen-Metzger kommt 2023 nach einem viertel Jahrtausend bei Heiner Thombansen in Schloss Neuhaus an, der zu diesem Zeitpunkt als Letzter der Familie im Fleischgeschäft arbeitet. Sechs Generationen kann er von sich aus rückwärts blicken bis in die Mitte des 18. Jahrhunderts, als sich der erste Metzger Thombansen ins wirtschaftlich aufblühende Neuhaus an den fürstbischöflichen Hof aufmacht. Davor verlieren sich die Spuren der Familie vor drei weiteren Generationen und einigen Archiv-Nennungen im Raum Gütersloh.

Eine ganz alte Geschichte erzählt eine Urkunde aus dem Jahr 1497 vom Freigrafen Hunold Leyen, der in Rheda zwischen 1489 und 1510 tätig ist.

Ganz schön viel Temperament zeigt sich da, was bis heute vielen Nachkommen nachgesagt wird, wenn inzwischen auch eher verbal als so handgreiflich:

"Everd tom Banse hatte 1497 den Johann Berhorn in einer Rauferei so zugerichtet, dass er ihn beinah zu Tode verletzt hatte. Er wurde im Turm des Schlosses zu Rheda gefangen gesetzt. Bei der Gerichtsverhandlung kam er noch glimpflich weg. Er mußte schwören, dass er den Berhorn 'in seinen Wehtagen und sonst genugtun' werde. Stürbe jener an den Stichen und Wunden, gelobe er, in die Gefangenschaft zurückzukehren.

Außerdem mußte er, wie damals üblich, "Urfehde" schwören, dass er sich an dem Freigrafen und seinem Herrn nicht für den Urteilsspruch rächen werde. Zudem musste er zwei Bürgen stellen."[1]

In den Paderborner Bürgerlisten 1571 bis 1624 tauchen zwei weitere Ahnen auf: 1594 Zum Bansen, Johan, sowie 1597 tho Banse, Hermann, beide aus der Grafschaft Rietberg.[2] In einem Dokument im Fürstbischöflichen Archiv Osnabrück ist im selben Jahrhundert ein Peter Zum Banse genannt, der am 30.09.1595 als Vogt zu Gütersloh ein Dokument quittiert und auch 1598 und 1601 genannt ist.[3] Zu direkten Ahnen in Kattenstroth, Gütersloh und Neuhaus siehe 153 ff. In Firma und Familie Thombansen wird in den 1970er Jahren von einem heute verloren gegangenen Nachweis eines Fleischverkaufs an den Fürstbischöflichen Haushalt gesprochen.

---

[1] Urkund Nr. 87, Fürstliches Archiv zu Rheda, 5. Juni 1497. Vermutlich hat sich die Schlägerei am 12. Mai 1497 am Tag der Heiligentracht, Tag des Pankratius, des Schutzheiligen der Alten Kirche in Gütersloh, zugetragen. Zitiert nach den Nachforschungen von Konrad Thombansen
[2] Paderborner Bürgerlisten 1571 – 1624, 1594 KG. B, 1597 Kg. B, Staatsarchiv Münster
[3] Konvolut von Schele, Ortsgeschichtliche Sammlung Goretzki, Kreisarchiv Gütersloh. C 01/04-293. unter Vögte: Wüsts Vogtei, Gut Redeburg, S. 15. Fürstliches Archiv Osnabrück, Dep. 6b B III Ur 73 + 80

Er ist leider nicht mehr auffindbar, aber auf seiner Grundlage hat die Firma 1973 ihr 200jähriges Jubiläum gefeiert.

Ewerd Thombansen alias Everhard Zumbansen hat seine Frau Barbara Papenkordt im Jahr 1774 in der Marktkirche zu Paderborn geheiratet, war also zu dem Zeitpunkt bereits im Lande. Ihn verzeichnen die Paderbornischen Hof- und Staats-Kalender aus 1776 bis 1799 als „Hofmetzger, Herr Everhard Tombansen, zu Neuhaus"[4] (siehe Seite 19). Also bleibt eine Zeitspanne von rund 250 Jahren mit viel Historie und Umbrüchen zu beschreiben.

Das frühe Neuhaus

Die Fürstbischöflichen Metzgermeister Thombansen sind also seit dem 18. Jahrhundert in Neuhaus aktenkundig. Hier sind sie bis 1976 in Handwerk und Gewerbe aktiv, und hier lebt Heiner Thombansen als letzter Nachkomme, der diesen Beruf ausübt.

Neuhaus ist also Schauplatz der Story. Was für ein Ort ist das? Zunächst ein Blick auf seine Geschichte: Erstmals 1016 taucht der Ort in der Lebensbeschreibung des Bischofs Meinwerk auf: Als „Hofverband Nyenhus", der den „Zehnten" in Naturalien an das neu gegründete Busdorfstift vor den Toren der Stadt Paderborn abgeben muss.[5]

---

[4] Paderbornischer Hof- und Staatskalender 1776, EAB Paderborn, AV 25 92. 1791 Sammlung Thombansen

[5] Michael Pavlicic: Das fast 1000jährige Neuhaus. Die wichtigsten Fakten zur Ortsgeschichte. In: Bürger-Schützenverein Schloß Neuhaus. 1913 St. Henricus-Bruderschaft e.V., 2013, S. 27

Seit 1257 gibt es dann auf der Halbinsel am Zusammenfluss von Lippe, Alme und Pader mit dem „Festen Haus" der Paderborner Bischöfe eine Befestigung.[6] Massive Streitigkeiten mit der Paderborner Bürgerschaft vertreiben den damaligen Bischof nach Neuhaus, auch wenn das Domkapitel in der Stadt bleibt. Dort vor der Stadt entsteht nun über gut 200 Jahre das prachtvolle Schloss im Stil der Weserrenaissance, das dem inzwischen größten Ortsteil von Paderborn seinen Namen gibt und an dem sich die Bürger auch aktuell erfreuen.

Von hier regieren die Fürstbischöfe das Hochstift Paderborn bis zur Säkularisierung im Jahr 1803, wobei die Residenz den Einwohnern als Brotgeber dient. Bereits im 15. Jahrhundert siedelt sich hier Kleingewerbe an und wächst beständig: Das sind Bäcker, Schneider, Brauer, Metzger, Schuster und Schmiede sowie die Gerberei am Unterlauf der Pader. Die Brauer können auf den Hopfenanbau im Burgbereich und im Umfeld zurückgreifen. Dafür holen die damals noch unfreien Bauern, die zu Hand- und Spanndiensten verpflichtet sind, mit ihren Pferdefuhrwerken Hunderte von Hopfenstangen aus dem Bekener Forst in Neuen- und Altenbeken nach Neuhaus.[7]

Fürstbischof Simon II verleiht Neuhaus um 1380/ 81 mindere Stadtrechte, d.h. die Stadt kann sich früh selbst verwalten.

---

[6] Die Pader ist der kürzeste Fluss Deutschlands. Aus sieben Quellarmen vereint sie sich in Paderborn unterhalb des Doms und fließt heute geruhsam durch die Paderauen mit ihrem Padersee. Kurz vor dem Neuhäuser Schloss mündet sie in die Lippe. Hinter dem Schlosspark kommt noch die Alme dazu, die den vormals eigenständigen Ort Neuhaus von der anderen Seite umrundet. https://paderpedia.de/.
Michael Pavlicic: Das fast 1000jährige Neuhaus. A.a.O., S. 34
[7] M. Ströhmer: Wirtschaftsregion Pader (1350 – 1950), 2020, S.3f. Siehe auch der Straßenname "Im Hoppenhof" in den südlichen Feldern von Schloss Neuhaus.

Recht spricht weiterhin der Bischof bzw. in seinem Namen der Amtmann. Die hier lebenden Büger sind "personal frei" – bei Zuzug zahlen sie dafür drei Reichsthaler.[8]

Grundsätzlich lebt die Stadt von Acker- und Viehwirtschaft, betrieben durch diverse Meyerhöfe als Lehen des Fürstbistums und der ansässigen Adligen.[9] Diese Grundstruktur bleibt bei wachsender Bevölkerung bis ins frühe 19. Jahrhundert erhalten. Schon Ende des 18. Jahrhunderts steigt die Einwohnerzahl im Flecken Neuhaus allein in einer Generation von 750 auf 1042. Sie alle wollen samt fürstbischöflichem Hof, seinen häufigen Gästen und dem Gesinde verpflegt werden. Ein gutes Geschäft für Metzger.

Das Mühlenwesen gibt es in Neuhaus nachweisbar seit 1445,[10] denn der Wasserreichtum beschert den Neuhäusern zahlreiche Mahl-, Walk- und Hebewerke, welche die Antriebskräfte der Flüsse auf ihre Räder lenken. Unter ihnen ist auch die „viergängige Roggen- und Graupenmühle an der Mühlenpader am Paderborner Tor", die der jüdische Mühlenbesitzer Abraham Rosenthal (1821 – 1897), aus Geseke kommend, 1873 erwirbt. Daraus werden später die „Neuhäuser Mühlenwerke A. Rosenthal" gegenüber dem Thombansen-Haus in der Schlossstraße, geführt von Sohn Louis Rosenthal (1856 – 1911).

---

[8] Strömer, M.: Wirtschaftsregion Pader, a.a.O., S. 19, weitere Erläuterungen durch Michael Pavlicic
[9] Meyerhöfe bewirtschaften 60 Morgen, Halbmeyerhöfe 30 Morgen, Viertelmeyerhöfe 15 Morgen. Die Bauerschaft Neuhaus umfasst zu der Zeit 14 Halbmeyer- und 15 Viertelmeyerhöfe, einige größere Höfe und mehrere „Eigenhäuser" entlang der heutigen Residenzstraße. Ihr Gelände umfasst 1787 rund 35 Quadratkilometer bis weit in die Senne hinein. http://www.schlossneuhaus-feiert.de/index.php/geschichte
[10] Erläuterungen durch Michael Pavlicic

Anfang des neuen Jahrhunderts nutzt dieser Müller die Wasserkraft bereits mit Turbinen zur Stromerzeugung für Wohnung und Betrieb (zum Schicksal der Familie siehe Seite 68 f.). Im 18. und frühen 19. Jahrhundert floriert hier das Textilhandwerk mit Flachsanbau, Wollspinnereien im Zusammenhang mit der Schafzucht in den Flussauen sowie dem Herstellen und Färben von Tuch.

Auch Bäcker, Metzger, Brauer, Gerber u.a. nutzen das Paderwasser für ihre Produktion und auch für die Entsorgung. Das trägt nicht gerade zur Wasserqualität bei, zumal der kurze Fluss schon die Ableitungen aus Paderborn mitbringt, was zwar nicht gut riecht, aber beim Flößen die anliegenden Weiden düngt. Dokumente beklagen die Versumpfung der Pader durch Verlandung und starken Pflanzenwuchs. Das ist heute noch so, wie ein Blick in den Paderlauf durch den Quinhagenhof zeigt.

Untersuchungen bejahen mal die Wasserqualität, mal kritisieren sie sie heftig. Trinkwasser bekommen die Einwohner aus hauseigenen Brunnen oder aus Gemeindepumpen.

Illustrationen

„Hofmetzger Everhard Tombansen" aus dem Paderbornischen Hof- und Staatskalender 1776.
Foto: H. Thombansen, Sammlung Pavlicic.
Spannend, welche Handwerker am Hof zugelassen waren
Der Eintrag taucht auch noch im Kalender von 1799 nach dem Tod von Everhard auf.
Sammlung Thombansen

Oben: Schloss Neuhaus: Gemälde von Carl Fabricius.
Foto: Stadt- und Kreisarchiv Paderborn S – M4, Bildnr. 389
Unten: Zusammenfluss von Pader und Lippe, undatiert. Bis Lippstadt war die Lippe von Wesel
aus schiffbar, kurzzeitig auch bis Neuhaus.
Foto: Stadt- und Kreisarchiv Paderborn S – M4, Bildnr. 386

Die Ahnen

Vorfahren in Kattenstroth

In den Kirchenbüchern in Kattenstroth, die Großneffe Dr. Bastian Budde erforscht hat (siehe Seite 155 ff.), taucht Henrich Zum Banse 1655 im Taufregister auf, dann 1681 im Heiratseintrag mit Anna Catharina Erlemann sowie schon zwei Jahre später in zweiter Ehe mit Anna Margareta zur Hart. Er stirbt 1721.

Johan Everd oder Eberd Thombansen findet sich 1695 im Taufeintrag, er heiratet ca. 1718 Elisabeth Güth und stirbt 1752 in Kattenstroth, seine Frau 1791. Die Schreibweisen der Vor- und Zunamen sind und bleiben unterschiedlich.

Ihr Sohn Gerard Zumbanse ist 1724 geboren. Er heiratet 1745 Anna Catharina Clasmeyer und stirbt 1780.

Bereits in Kattenstroth/ Güterloh hat sich der Nachname im Zuge der "Verplattdeutschung", wie es der Lokalhistoriker Pavlicic nennt, in Tombansen gewandelt. Aus Zumbansen wird Thombanse oder Tombansen oder Thombansen, je nachdem, welcher Justizrath-Schreiber oder Pfarrer die Feder führt,[11] was ständig wechselt, auch in der Schreibweise der Vornamen. – Soweit die Wurzeln im Raum Gütersloh.

---

[11] „Banse" heißt im Plattdeutschen so viel wie Scheune oder Schober für Heu und Stroh. https://www.duden.de/rechtschreibung/Banse - Zu den Familienmitgliedern siehe auch *Anlage 1*: Vorfahren aus Kirchenbüchern und Standesämtern und *Anlage 2*: Stammbäume

Everhard Zum Banse

In diesem frühen Zeitfenster zieht auch Everhard (Everd Henrich) Zum Banse (1749 – 1798) aus Kattenstroth, heute Gütersloh und damals zum Fürstbistum Osnabrück gehörend, nach Neuhaus. Er heiratet 1774 Anna Maria Barbara Papenkordt aus Etteln (siehe 8n 156 und 163 f.). Nun hat sich die Vorsilbe im Namen – teilweise schon in den Kirchenbüchern in Gütersloh – der Aussprache angepasst.

Hier wohnt also der Urvater der Neuhäuser Metzgergeschichte. Er kauft ca. 1770 den Viertelmeyerhof (bzw. das „Köttergut", wie diese Hofgröße seinerzeit auch heißt) in der Residenzstr. 35/ Ecke Neuhäuser Kirchstraße. Die Existenz dieses Hofes ist bis ins 16. Jahrhundert rückverfolgbar, 1784 wird er als stattlicher Hof neu erbaut und ist heute samt erhaltenem Hoftor als Haus Manegold bekannt (siehe Seite 26).[12]

Drei Söhne von sechs Kindern erreichen ihr erwachsenes Alter erst nach dem Tod der Mutter sowie der Wiederverheiratung des Vaters und dann nach dessen Tod im Jahr 1798. Er stirbt an einem Arbeitsunfall, weil er sich an einem Kessel verhoben hat.

Der Witwe aus zweiter Ehe, Anna Maria Gertrud Thombansen, geb. Schmale, gehört jetzt das Gut, das allerdings mit 755 Reichsthalern hoch verschuldet ist, weswegen sie 1801 mehrfach Aufschub der Zinszahlung beim Amt Neuhaus erbittet. Sie führt einen dreijährigen Erbstreit mit ihren Stiefsöhnen und deren Vormündern, der in diversen Dokumenten belegt ist.[13]

---

[12] Michael Pavlicic: Die Hausinschriften in der Stadtlage von Schloss Neuhaus, in: Hausinschriften an Fachwerkhäusern im Kirchspiel Neuhaus. 1986. S. 104
[13] Unterlagen in der Sammlung Thombansen

Diese Söhne von Everhard und Barbara werden schließlich mit je zehn Reichsthalern „Kindestheil" abgefunden.[14] Den verschuldeten Meyerhof bringt die Witwe in ihre zweite Ehe mit dem Bäcker Joseph Bracht ein – einschließlich der Verpflichtung, für ihren kränklichen Sohn aus der letzten Ehe zu sorgen, der jedoch drei Jahre später stirbt.

Das Amt Neuhaus befindet sich noch immer im Wiederaufbau nach dem Siebenjährigen Krieg (1756 - 1763), dem es massiv Tribut gezollt hat: durch Besetzungen, Abgaben, Schanzenbau, Zerstörungen an Häusern und Schloss, durch Teuerungen, Krankheit, Seuchen, Truppenlager und Demolierungen. Die Instandsetzung dauert Jahre, in denen der fürstbischöfliche Hof und die eingelagerten Truppen vom Metzger zu versorgen sind.[15]

Joannes Bernardus Thombansen

Der mittlere Nachkomme, Joannes Bernardus Zumbansen (1777 – 1810), führt die hier relevante *Bernardus-Conrad-Linie* der Metzger Thombansen weiter. Er und seine Frau Maria Margaretha Elisabeth Brechmann (1773 – 1854), verwitwete Hillemeyer, wohnen mit Sohn Joseph im Haus der Schwiegereltern in der Busestraße 19 (siehe 9n 156 und 167).Bernard stirbt früh mit nur 33 Jahren. Aus dieser Generation ist wenig überliefert. Doch die Familie scheint die inzwischen erreichte schwere Zeit nach der Säkularisierung erfolgreich zu überstehen.

---

[14] Michael Pavlicic: Die Hausinschriften, a.a.O., S. 103 f.
Von 1821 bis 1871 (1873) gilt in Preußen ein Neuer Reichstaler bzw. Thaler (ℛst.) 30 Silbergroschen (Sgr.) zu je 12 Kupferpfenni(n)g (₰). Von 1871 bis 1873 wird der Taler in allen Staaten des Deutschen Reichs durch die Mark zu 100 Pfennig abgelöst, die ⅓ Taler entspricht.
[15] Heinz Bauer; Friedrich Gerhard Hohmann: Die Stadt Paderborn. 1977, Seite 19

Ein Hinweis aus dieser Zeit: Für die Fütterung des „Hude-Ochsen" der Gemeinde bekommt Bernard im Jahr 1807 im Ortsteil „Drittes Rott" (Mühlenbauerschaft) sechs Groschen erstattet, ebenfalls „Joseph Bracht samt Thombanse" im „Fünften Rott" (Elserbauernschaft).[16] Ein solcher Hu–de-Ochse ist nicht etwa ein kastriertes Tier, sondern der Deck-Stier der Gemeinde, der bei ansässigen Bauern Stallplatz, Weide und Futter erhält, die dafür von der Gemeinde entlohnt werden.

---

[16] Abrechnung des Fleckens Neuhaus für das Jahr 1807, geführt von Bürgermeister Hermann Terheyden. Stadt- und Kreisarchiv Paderborn, 913 3. Sammlung Thombansen.

Illustrationen

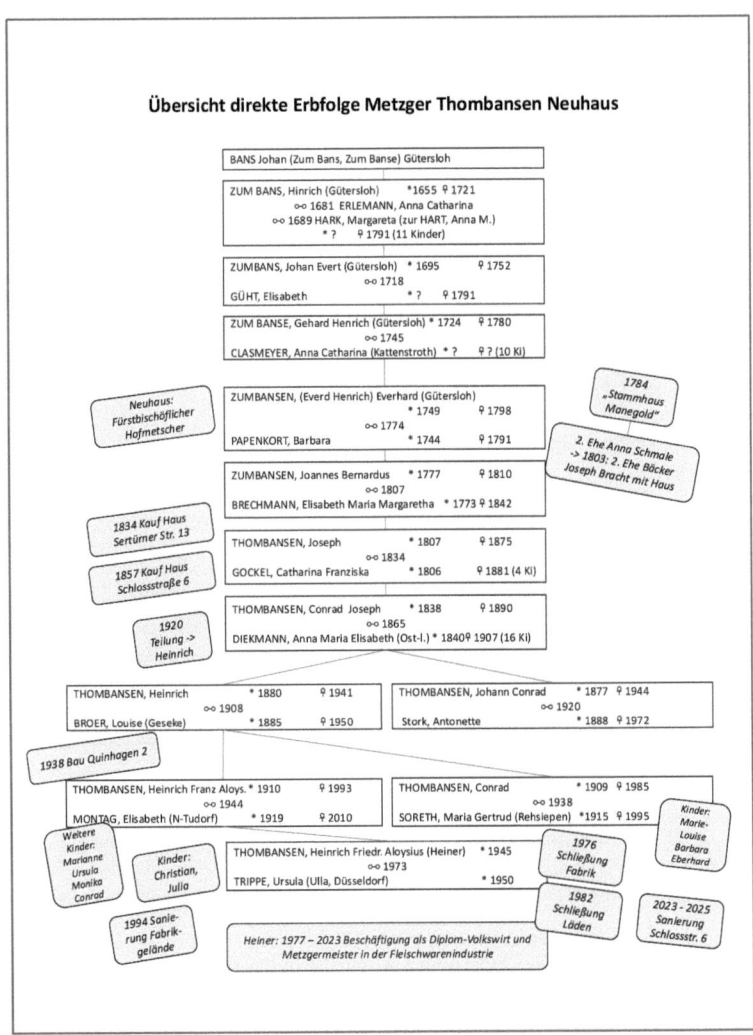

Übersicht direkte Erbfolge Metzger Thombansen Neuhaus

BANS Johan (Zum Bans, Zum Banse) Gütersloh

ZUM BANS, Hinrich (Gütersloh)   *1655 ♀ 1721
  ∞ 1681 ERLEMANN, Anna Catharina
  ∞ 1689 HARK, Margareta (zur HART, Anna M.)
  * ?   ♀ 1791 (11 Kinder)

ZUMBANS, Johan Evert (Gütersloh) * 1695   ♀ 1752
  ∞ 1718
GÜHT, Elisabeth   * ?   ♀ 1791

ZUM BANSE, Gehard Henrich (Gütersloh) * 1724   ♀ 1780
  ∞ 1745
CLASMEYER, Anna Catharina (Kattenstroth) * ?   ♀ ? (10 Ki)

ZUMBANSEN, (Everd Henrich) Everhard (Gütersloh)
          * 1749   ♀ 1798
  ∞ 1774
PAPENKORT, Barbara   * 1744   ♀ 1791

ZUMBANSEN, Joannes Bernardus   * 1777   ♀ 1810
  ∞ 1807
BRECHMANN, Elisabeth Maria Margaretha * 1773 ♀ 1842

THOMBANSEN, Joseph   * 1807   ♀ 1875
  ∞ 1834
GOCKEL, Catharina Franziska   * 1806   ♀ 1881 (4 Ki)

THOMBANSEN, Conrad Joseph   * 1838   ♀ 1890
  ∞ 1865
DIEKMANN, Anna Maria Elisabeth (Ost-l.) * 1840 ♀ 1907 (16 Ki)

THOMBANSEN, Heinrich   * 1880   ♀ 1941
  ∞ 1908
BROER, Louise (Geseke)   * 1885   ♀ 1950

THOMBANSEN, Johann Conrad   * 1877 ♀ 1944
  ∞ 1920
Stork, Antonette   * 1888   ♀ 1972

THOMBANSEN, Heinrich Franz Aloys. * 1910   ♀ 1993
  ∞ 1944
MONTAG, Elisabeth (N-Tudorf)   * 1919   ♀ 2010

THOMBANSEN, Conrad   * 1909 ♀ 1985
  ∞ 1938
SORETH, Maria Gertrud (Rehsiepen) *1915 ♀ 1995

THOMBANSEN, Heinrich Friedr. Aloysius (Heiner)   * 1945
  ∞ 1973
TRIPPE, Ursula (Ulla, Düsseldorf)   * 1950

Heiner: 1977 – 2023 Beschäftigung als Diplom-Volkswirt und
Metzgermeister in der Fleischwarenindustrie

Neuhaus:
Fürstbischöflicher
Hofmetscher

1834 Kauf Haus
Sertürner Str. 13

1857 Kauf Haus
Schlossstraße 6

1920
Teilung ->
Heinrich

1938 Bau Quinhagen 2

1784
„Stammhaus
Manegold"

2. Ehe Anna Schmale
-> 1803: 2. Ehe Bäcker
Joseph Bracht mit Haus

Kinder:
Marie-
Louise
Barbara
Eberhard

1976
Schließung
Fabrik

Weitere
Kinder:
Marianne
Ursula
Monika
Conrad

Kinder:
Christian,
Julia

1982
Schließung
Läden

2023 - 2025
Sanierung
Schlossstr. 6

1994 Sanie-
rung Fabrik-
gelände

Zusammengestellt durch Ulla Thombansen

Die Geschwister Barbara und Eberhard Thombansen, Cousine und Cousin von Heiner Thom-
bansen, vor dem Thombansen'schen Stammhaus in Schloss Neuhaus, im Volksmund das „Haus
Manegold", hier ca. 2000. Ihre Schwester Marie-Luise stirbt 2007, Barbara 2020.
Eberhard lebt als Arzt in Berlin bzw. im „Häuschen" im Sauerland in der Nachbarschaft vom
Elternhaus seiner Mutter Maria.
Die Traditions-Vornamen werden in der Familie in den Erst- und Zweitnamen
immer wieder vergeben. Foto: Roald Gramlich

Weitere Linien Thombansen

Von den drei Söhnen aus erster Ehe bleibt der älteste, der Bäcker *Franziscus Henricus Zumbansen* ohne männliche Nachkommen. Von fünf Schwestern erreicht nur seine Tochter Franziska das Erwachsenenalter.

Henricus hat die „Timkenbäckerei" in Neuhaus im Haus Residenzstraße 22, wobei Timken Zipfelchen bedeuten und für geviertelte süße Semmeln aus hellem Mehl stehen. Ältere Neuhäuser erinnern sich, dass noch Bäcker Koch im 20. Jahrhundert "Timkenbäcker" gerufen wird.[17] Alte Grundbücher belegen hier einen großen Besitz.[18] Verbrieft sind Streitigkeiten aus dem Jahr 1819 mit dem Nachbarn, dem Metzger Menneken, der in der Zufahrt zur Meisterstelle Thombansen, vulgo Plaßmeyer, Mist abgeladen hat und den wieder wegräumen und den Zuweg frei halten muss.[19] Da wird mit harten Bandagen um die Vorherr–schaft der ansässigen Metzger gekämpft.

Daneben besteht die bedeutende *Josephus-Anton-Linie* bis heute, die im 19. Jahrhundert ausgeprägten Besitz an der Residenzstraße und da–rüber hinaus hat. Sie stammt ab von Bernards jüngerem Bruder *Franziskus Josephus* (1779 – 1848), der zunächst mit Anna Josepha Gockel verheiratet und ebenfalls Metzger ist. Die beiden haben sechs Kinder miteinander. Sein drittgeborener Sohn, auch Franz Josef getauft und Metzger wie sein Vater, stirbt mit 31 Jahren. Der Pfarrer vermerkt dazu:

---

[17] Erläuterungen Michael Pavlicic
[18] Abschriften von Michael Pavlivic, Kopien in Sammlung Thombansen
[19] Transskript U. Thombansen aus Vertrag vom 24. März 1819, Sammlung Pavlicic

Er "wardt den elften März morgens sieben Uhr bei der Lippebrücke in der Pader todt gefunden."[20] Der Schwiegervater des Verstorbenen zeigt das dem Pfarrer an, und das Begräbnis erfolgt nach zwei Tagen nach gerichtlicher Besichtigung. Näheres zur Todesursache wird nicht erwähnt. Der Tote hinterlässt seine Frau Anna Franziska Hunstiger und die zehnjährige Tochter Elisabeth. Liegt hier ein Kriminalfall, ein Unfall oder Freitod vor?

Aus seiner zweiten Ehe mit Elisabeth Didden stammen vier Sprösslinge. Franziskus Josephus selbst stirbt 1848 an Altersschwäche in Neuhaus. Der Kircheneintrag vermeldet dazu als Hinterbliebene die Ehefrau, zwei erwachsene Kinder und einen Minderjährigen. Ein Kind ist also früh gestorben. Der Grabstein von Franz Joseph steht heute noch in Schloss Neuhaus. Es ist die Zeit des Schleswig-Holsteinischen Kriegs, was die schwülstige Inschrift erklärt (siehe Seite 38).

Auch in dieser Linie erbt ein Joseph 1855 "die Realitäten" seiner Eltern. Dieses "Colonat" hat "erbmeierstättische Qualität", d.h. es liegen jährlich Abgaben an – analog gilt das sicher auch für die anderen Verwandten:
"Für den Fiskus zum ehemaligen Amte Neuhaus: 22 Scheffel Hafer; 10 Silbergroschen, 8 Pfennig an bestimmten Renten; 8 Reichsthaler, 20 Silbergroschen an Dienstgeld.
Für den Fiskus wegen des Stiftes Busdorf für die in der Bauerschaft Neuhaus gelegene Hube: 12 Scheffel Hafer; 6 Scheffel, 2 Spint Roggen; 2 Silbergroschen, 2 Pfennig Wiesengeld; 1 Naturalzehnter.
Recht des Amtes Neuhaus auf zwei Schaftriften." (= Übergangsrechte für Herden.[21] – Scheffel und Spint sind Volumen-Größen)."

---

[20] Kirchenbuch Neuhaus , Sterbefälle 1821 bis 1843, Seite 147 , Nr. 15. Teile des Eintrags sind nicht zu entziffern.
[21] Abschriften von Michael Pavlivic aus Grundbüchern, Kopien in der Sammlung Thombansen

Nach seinem Tod verkauft die Witwe ihren Besitz, wie es das „Paderbornsche Intelligenzblatt für den Oberlandes-Gerichtsbezirk" anzeigt:

Anzeige der Witwe Thombansen zum Verkauf ihres Hausstandes. Sammlung Thombansen[22]

Ihr Sohn Heinrich, ebenfalls Metzger, erwirbt nach 1832 das 1681 erbaute Haus Kirchthombansen in der Neuhäuser Kirchstraße 5 und vererbt es 1847 an seinen Sohn Heinrich Thombansen, ebenfalls Metzgermeister. Es gilt als das schönste Haus im Ort, das einzige mit zwei Utluchten.[23]

---

[22] Paderbornsches Intelligenzblatt, 18.10.1848, Jahresübersicht, Seite 790,
https://digipress.digitale-sammlungen.de/view/bsb10790899_00759_u001/1
[23] Michael Pavlicic: Hausinschriften. A.a.O., S. 41 ff.
"Utluchten" sind in den westfälischen Agrarbauten die seitlichen Vorbauten zur Straße hin, in denen normalerweise die Wohnräume sind. Bei C. & H. Thombansen ist hier später – direkt von der Deele aus zugänglich – das Kontor, sprich: das Büro. In ihm haben Heiner und auch die Autorin in den ersten Jahren ihrer Anstellung im Familienbetrieb ihren Platz

Am Haus Kirchthombansen wird in den 1850er Jahren eine Poststation eingerichtet, die Neuhaus in regem Handel mit der Ferne verbindet, u.a. zweimal wöchentlich mit Frankfurt.[24] Das fördert den Handel, auch für Fleischkonserven und Wurstwaren.

1935 erbt Sohn Konrad das schöne Haus, dessen Ehe mit Anna Fisch kinderlos bleibt. Das Gebäude verfällt in den Folgejahren und wird im Jahr 1950 zugunsten eines neuen Neuhäuser Pfarrhauses abgerissen, das siebzig Jahre später wiederum dem nun frisch erbauten Pfarrhaus weichen muss.

Umbrüche in dieser Epoche

Besetzungen beuteln den Flecken Neuhaus immer wieder. Nun kommt der große Umbruch mit der Jahrhundertwende noch zu Lebzeiten von Bernard Thombansen: die Preußenherrschaft. Schon 1802 ist Neuhaus „Königlich-Preussisch" besetzt, 1803 wird die kirchliche Macht endgültig aufgelöst. Die Bedeutung von Neuhaus als politisches Zentrum ist Historie, wodurch auch die Metzger keinen prunkvollen Hof mit seinen reichen gesellschaftlichen Verpflichtungen mehr zu versorgen haben: Der Schaden ist immens.

Was im Schloss kostbar, wertvoll und nicht niet- und nagelfest ist, verschwindet. Doch das Gelände bleibt militärisch und beherbergt nun verschiedene Königlich-Preussische Regimenter – samt Lazarett, Ärzten und Chirurgen. Außerdem wohnt hier der Kommandant.[25]

---

[24] Dr. Fr. Wurm (Hrsg.), Schloss Neuhaus. Geschichte von Ort und Schloss. 1936/ 1957, S. 59
[25] Dr. Fr. Wurm (Hrsg.), Schloss Neuhaus. A.a.O., S. 81 ff.

Zur Wirtschaftsförderung wird eine Tuchfabrik im Marstall und den Wirtschaftsgebäuden eingerichtet, die 120 Arbeiter beschäftigt und damit Einkommen für ihre Haushalte schafft. Neuhaus hat bereits einen guten Ruf mit seiner Färberei, da sich sein Wasser gut dafür eignet. Doch lange währt das nicht. Das Ende der Kontinentalsperre und die Industrialisierung mit ihren mechanischen Webstühlen setzen den guten Anfängen 1819 ein Ende, sobald die britische Konkurrenzware wieder ins Land kann. Auch die Lippe-Schifffahrt scheitert, die den Ort inzwischen auf dem Wasserweg über Lippstadt mit Hamm verbindet.[26]

Ja, inzwischen wirkt Napoleon in Europa. Er streckt seine Fühler bis nach Neuhaus aus, auch wenn die Französische Revolution ihre neuartigen Ideen von Freiheit, Gleichheit und Brüderlichkeit hier nicht wirklich verankern kann.

Veröffentlichungen aus dem Kreis der Aufklärer zitieren Besucher in Westfalen und mokieren sich denn auch über den Landstrich:

„Das Land sei rückständig, Faulheit und Müßiggang der Bewohner hätten zu einer weit verbreiteten Armut geführt. Viele Ländereien lägen wüst und öde, ganz im Gegensatz zu dem preussisch regierten Ravensberg.[27]
Einer der schwerwiegendsten Mängeln sei das Zurückbleiben der „Industrie" (= Gewerbe). Zudem sei die Paderborner Bevölkerung durch den Soldatenstand ‚nicht kultiviert' worden. Die Paderborner Universität konzentriere sich nur auf Theologie, über Jurisprudenz und Arzneikunde werde nicht gelesen. Letzten Endes stünden der geistliche Stand und die religiös unaufgeklärte Bevölkerung einer positiven Entwicklung im Wege."[28]

---

[26] Michael Pavlicic: Das fast 1000jährige Neuhaus, a.a.O., S. 33 f.
[27] Ort bei Bielefeld
[28] Heinrich Schoppmeyer: Geschichte des Hochstifts Paderborn und des Paderborner Landes, in: Josef Drewes (Hrsg.) Das Hochstift Paderborn, a.a.O., S. 25

Napoleon hat sich inzwischen Holland und Norddeutschland einverleibt, so dass die französischen Ein- und Ausfuhrverbote im Königreich Westphalen auch Neuhaus isolieren. Doch die Tuchherstellung hilft zunächst noch – siehe oben. Es etabliert sich aber eine Schleich-Transportstrecke von Osnabrück nach Frankfurt via Neuhaus an der Handelssperre vorbei. Auf ihr bringen Schmuggler eine Zeitlang neben Waren auch Broterwerb in den Ort.[29]

Jerôme, Napoleons „Bruder Lustik", regiert das Königreich Westphalen von Kassel aus und lebt dort in Saus und Braus, was auch die Menschen in Paderborn und Neuhaus über Abgaben und hohe Steuern mitfinanzieren müssen. Die Bevölkerung wird konsequent für das gute Leben des Kaiser-Bruders wie auch für die französische Kriegsmaschinerie ausgepresst.

Auch wenn Jerômes Zeit nur sieben Jahre währt, hinterlässt sie deutliche Spuren im Land, z.B. rechtlich durch den Code Civil von 1804, der die Gleichheit aller vor dem Gesetz und das Eigentumsrecht sichert, alle Gesetze vereinfacht in einem Dokument zusammenfasst und das ganze 19. Jahrhundert hindurch gilt, bis das Deutsche Reich das Bürgerliche Gesetzbuch verabschiedet. Kirche und Staat werden konsequent getrennt und zahlreiche Überland-Chausseen gebaut, welche die Städte besser verbinden und direkt auf ihre Kirchtürme zulaufen.[30]

Viele französische Begriffe gehen in der deutschen Sprache auf – wie z.B. Malheur, Portemonnaie, Trottoir, Adieu, vieles in der Mode- und Küchensprache sowie die besagten Chausseen.

---

[29] Dr. Fr. Wurm (Hrsg.): Schloss Neuhaus. A.a.O., S. 88
[30] Marion Neesen: Als "König Lustik" regierte, Westfalenblatt vom 31.10.2024

Ab 1808 gilt die Gewerbefreiheit, während es im 18. Jahrhundert in Paderborn noch 18 Zünfte gab, die preußische Beamten kritisch anprangern als „erstarrt in technischer, wirtschaftlicher und sozialer Immobilität." Es folgt das Ende der Innungen: Bereits 1809 werden alle Zünfte und handwerklichen Organisationen aufgelöst, auch wenn einige größere Handwerkszweige ihre Zusammenkünfte, Gesellenherbergen und religiös-sozialen Traditionen fortsetzen, was geduldet wird.[31] – Doch zunächst herrschen hier Armut und Hunger. Zu allem Überfluss schließen auch die Pensions- und Gehaltskassen, wodurch sieben Monate lang kein Geld an die vielen Berechtigten im Amt Neuhaus fließt.

1812 quartieren sich Napoleons Truppen auf ihrem Weg nach Russland hier ein, was das Amt stark belastet, „auch durch die starke Aushebung der jungen Mannschaft, die zu diesem Kriege beordert wurde, und mehrere Jünglinge aus unserer Gemeinde fanden in Rußland den Tod."[32] Im benachbarten Canton Fürstenberg sind es sogar acht von zehn.[33]

Die Franzosen kommen nach der Niederlage auf ihrem Rückweg aus den Befreiungskriegen erneut über Neuhaus, wo sie im Ort samt „Rückzüglern" nach der Völkerschlacht in Leipzig marodieren.[34]

---

[31] Paderborn – Geschichte der Stadt in ihrer Region. Walter Maron: a.a.O., Seite 56
[32] Dr. Fr. Wurm (Hrsg.): Schloss Neuhaus. A.a.O., S. 88
[33] Marion Neesen: Als „König Lustik" an der Karpke regierte. Westfalenblatt vom 18.11.2024
[34] Dr. Fr. Wurm (Hrsg.): Schloss Neuhaus. A.a.O., S. 89

> „Und nun empfanden die hiesigen Einwohner den Schrecken und den Druck eines feindlichen Rückzuges. Die Soldaten machten die übelsten Forderungen, mißhandelten die Einwohner, droheten beständig mit Mord und Brand und legten in einem Bürgerhause schon wirklich Stroh zusammen, um den allgemeinen Brand zu beginnen."[35]

Nein, früher war nicht alles besser!

Doch dann kommen die Befreier. Kosaken aus dem russischen Husarenregiment, das zu den Alliierten gehört und mit denen man sich nun über die Verjagung der Franzosen freut, werden hier „grob einquartiert". Allein einen Tag lang marschieren 40.000 Mann eines alliierten russischen Generals durch Neuhaus, und Zeitzeugen berichten von diesem unterhaltsamen Erlebnis:

> „Neuhaus hatte noch nie ein so buntes Gemisch von den mannigfaltigsten Völkern mit so sehr verschiedenen Physiognomien gesehen wie an diesem Tage; am auffallendsten waren die Kalmücken und Baskiren, besonders die geistlichen Vorsteher der letzteren mit ihren rothen Thurm-Mützen auf dem Haupte."[36]

Nachdem das Schloss zunächst einige Jahre als „Zuchthaus" dient, wohnt der Preussische Oberforstmeister von Voigts-Rhetz darin, der vieles repariert und auch die Gärten wieder anlegt, so dass sie erneut zum Flanieren einladen, auch die Paderborner Bürger.

---

[35] Dr. Fr. Wurm (Hrsg.): Schloss Neuhaus. A.a.O., S. 89
[36] Ebenda, S. 90

Aber Zeitzeugen sprechen von einer mehr als zwanzig Jahre währenden „schweren Zeit":[37] Zerstörte Felder, beschlagnahmtes Korn, die wiederholt schlechten Ernten 1816 und 1817, Krankheiten, Seuchen… all das führt ab 1817 für zehn Jahre in „bitterste Not": Landlose Bauernfamilien, arbeitslose Spinnerinnen und Weber in Heimarbeit, die in der Industrialisierung ihren Lohn verlieren und verarmen, sie prägen die „ostwestfälischen Verelendungsregionen", deren Bevölkerung zudem in einem halben Jahrhundert um die Hälfte anwächst. Missernten verschärfen die Lage.

Immer mehr Mäuler sind mit immer weniger Korn und Kartoffeln zu stopfen! Es kommt zu Aufständen von Bauern, die unter den Preußen jetzt zwar frei, aber mittellos sind. So können sie kein Land von ihren Gutsherren ablösen, wie in den neuen Gesetzen vorgesehen. Doch ohne Land haben sie nichts anzubauen. Ein Teufelskreis. Lebensmittel werden für die Ärmsten bei all denen gesammelt, die noch etwas haben. Ein Armenfond, ein Haus für „arme und schwächliche" Menschen am Neuhäuser Krankenhaus, das es inzwischen gibt, und die Spinnstuben für ca. dreißig Frauen werden als Gemeinschafts-Hilfen eingerichtet.

Wirtschaftlich erholt sich Neuhaus schrittweise, nachdem im Schloss die 1. und 2. Escadron (zu Deutsch: Schwadron) des Kürassier-Regiments sowie zwei Escadronen des 6. Königlichen Ulanenregiments eingezogen sind, welche die Kasernen und Reitställe ausbauen. Eine solche Kavallerie-Schwadron umfasst ca. 150 Mann und fünf Offiziere[38].

---

[37] Ebenda, S. 88ff.
[38] https://de.wikipedia.org/wiki/Eskadron.
Dr. Fr. Wurm: Schloss Neuhaus, a.a.O., Seite 123 ff.

Das generiert wieder ein stabiles Geschäft für die Familie von Bernard, in der Sohn Joseph das Ruder von seiner Mutter und den Großeltern übernimmt, sobald er erwachsen ist. Eine Familienlinie mündet später in die Gaststätte Anton Thombansen an der Marienloher Straße in Schloss Neuhaus.

Weitere Umbrüche stehen an: Das Deutsche Reich entsteht. Auch rund um Fleisch und Wurst bewegt man sich wirtschaftlich vom Handwerk zum produzierenden Gewerbe. Die preußischen Reformen in Militär, Wirtschaft, Politik und Gesellschaft läuten neue Zeiten ein.

Doch die revolutionären Ansätze und Gedanken, die zum Entwurf der Paulskirchen-Verfassung führen, ziehen im tiefkatholischen Paderborner Land keine hochrangigen Militärs, Beamten oder Grundbesitzer auf die Seite reformbereiter Bürger. Paderborn bleibt konservativ. Stattdessen macht sich eine politische Rückwärtsentwicklung als „Reaktion" breit, die eine politisch-soziale Mitwirkung breiter Bevölkerungskreise einschränkt.[39]

Was umfasst die Stadt und das Land Paderborn aktuell?
1816 besteht der Verwaltungsbezirk Paderborn aus der Stadt Paderborn sowie den Orten Neuhaus, Delbrück, Kirchborchen und Lippspringe. Neuhaus besteht aus den Orten Neuhaus (Einwohner: 1385), Elsen (961), Sande (806) und Hövelhof (1660).

---

[39] Trox, Eckhard: Von der Entstehung der Provinz Westfalen 1815 bis zur Revolution 1848/ 1849 – Eigenentwicklung zwischen Rheinprovinz und Ostelbien. https://www.lwl.org/westfaelische-geschichte/portal/Internet/input_felder/langDatensatz_ebene4.php?urlID=35&url_tabelle=tab_w ebsegmente

Bis in die 1880er Jahre wandern rund 160.000 Menschen aus Ostwestfalen-Lippe nach Übersee aus, davon gut 5.000 aus dem Altkreis Paderborn (Schwerpunkte: Delbrück und Büren), allerdings nur rund 80 aus dem Amt Neuhaus.40 Die Hiesigen zieht es weniger in die Ferne. Zwischen 1818 und 1895 wächst die Einwohnerzahl in Neuhaus von 1.700 auf ca. 2.900 an.[41]

---

[40] Ellen Rost; Otmar Allendorf; Rolf-Dietrich Müller; Bernd Broer. Deutsch-Amerikanische Gesellschaft (Hrsg.): Auf nach Amerika: Beiträge zur Amerika-Auswanderung des 19. Jahrhunderts aus dem Paderborner Land und zur Wiederbelebung der historischen Beziehungen im 20. Jahrhundert, Band 1, 2 und 3, ab 1994. Diverse Dokumentationen aus den Auswanderungslisten. Stadt- und Kreis-Archiv Paderborn, Inv. Nr. 21.637, 25.647, 33.700
[41] Josef Drewes (Hrsg.): Das Hochstift Paderborn. Portrait einer Region. 1997, S. 193

Illustrationen

Denkmal für Joseph Thombansen im Park neben der evangelischen Kirche in Schloss Neuhaus mit der Inschrift: „Franz Joseph Thombansen, gebr. den 11. März 1779, gestb. den 8. September 1848. Selieg sind die Todten, die im Herrn sterben.... Er hat sich unserm Blick entschwungen. Flog seiner beßern Heimat zu. Er hat den Siegeskranz errungen. Wir sind im Kampf. Er in der Ruh." Foto: Heiner Thombansen

Gaststätte Anton Thombansen, Marienloher Straße Schloss Neuhaus.
Foto: Konrad Thombansen

Blick nach vorne…
Oben: Schlossstraße in den 1960er-Jahren.
Foto: Stadt- und Kreisarchiv Paderborn S – M4, Bildnr. 2876.
Auskunft von Andreas Gaidt aus dem Stadt- und Kreisarchiv zu den Mühlengebäuden (per Mail am 17.06.2024): „Der Mühlstein steht in unmittelbarer Nähe der ehemaligen, bis in die 1990er-Jahre existierenden Mühlenwerke an der Schlossstraße (jetzt: Parkplatz Firma Benteler).
Von ihnen ist die Bezeichnung „Mühlenenge" abgeleitet, die erst 1967 durch Abbruch des Hauses Scherpel, Rückbaus der Roggenmühle zur Straßenseite und deren Ausbau zur Hofseite hin beseitigt wird. Die Mühle wird 2004 abgebrochen."
Unten: Straßenbahn in der Mühlenenge 1963.
Foto: Stadt- und Kreisarchiv Paderborn / Wolfgang Reimann

Joseph Thombansen

Wie geht es Heiners Ahnen in dieser Periode? Wohl ganz gut. Die schlechten Zeiten scheinen überwunden zu sein und man erwirbt Immobilien. Es ist die Zeit des Metzgers Joseph Thombansen (1807 – 1875). Er heiratet 1834 Catharina Franziska Gockel (1806 – 1861), genannt Fuchtmeyer, aus Neuhaus und kauft im selben Jahr am 27. Februar das Anwesen Am Ringgraben 13, das seit 1716 besteht. Später lebt hier die Metzgerfamilie Berhörster und heute Familie Hunstig. Joseph und Catharina Thombansen haben vier Kinder, von denen drei das erwachsene Alter erreichen.[42]

1840 erwirbt Joseph das Ackerbürgerhaus Paderborner Straße 24, später Nummer 34 und noch später Schlossstraße 6 mit den „sonstigen Zubehörungen" auf Flur Fünf, Parzelle 90, vom Kaufmann Heinrich Moorß zu Paderborn. Der Kaufpreis beträgt stattliche 925 Thaler, von denen Joseph 600 Thaler aus dem Verkaufserlös des Hauses Gockel zahlt. 300 Thaler stundet Herr Moorß dem Joseph Thombansen zu jährlich fünf Prozent, abgesichert mit einer Grundschuld.[43] Das ist und bleibt jetzt das Stammhaus der Thombansen-Metzger in Neuhaus, erbaut ist es bereits vor 1696.[44]

Joseph und sein Neffe Heinrich tauchen in den 1870er Jahren mehrmals als Mitglied der Amtsversammlung Neuhaus in Protokollen auf.[45]

---

[42] Michael Pavlicic: Hausinschriften, a.a.O., S. 21
[43] Vertrag in der Sammlung Thombansen
[44] Michael Pavlicic: Hausinschriften, a.a.O., S. 70
[45] Protokollbuch Amtsarchiv Schloss Neuhaus, G Nr. 1552 Stadt- und Kreisarchiv Paderborn M

Joseph's Schwester wird Ordensfrau im Rheinland, eine andere stirbt früh. Erwachsene Töchter werden oft Ordensfrauen. Sie bekommen ihr „Kindestheil" mit ins Kloster, zumindest ihre Wäsche für ihre Lebens–zeit, d.h. sie müssen ausgesteuert werden.

Wirtschaftlich entwickelt sich der Raum Paderborn zunächst schlep-pend, ja, erst langsam mit dem Eisenbahnwesen. Politisch gewinnt die Stadt mit der katholischen Fraktion Gewicht im Parlament in Berlin, später mit dem Zentrum. 1849 erhält sie den Hauptsitz des neu gegrün–deten Bonifatius-Vereins, der bis heute von hier aus vor allem Katho–liken in Diasporagebieten betreut.[46]

Das Militär blüht in gutem Zusammenleben von Einwohnern und Sol-daten, die mit ihren Feuerspritzen auch bei der Brandbekämpfung mit dem Wasser aus Paderarmen und Schlossgräfte helfen, was immer wie-der erforderlich ist. Doch die Truppen werden nach Schlesien verlegt. Ihnen folgen die Husaren – das 8. Husarenregiment bleibt 68 Jahre lang in Neuhaus. Da werden Freundschaften und sogar Ehen gestiftet! Dann geht es 1864 für die Landwehrleute und die Reservisten ab in den Krieg gegen Dänemark. Es kommt zwar eine Ersatz-Schwadron, die aber die wirtschaftlichen Verluste nicht auffangen kann. Auch der Deutsch-Französische Krieg bindet die in Neuhaus stationierten Truppen, die „rühmlichen Antheil an dem Kriege genommen" haben. Nach dem Sieg bei Metz 1871 empfängt der Ort die Heimkehrer begeistert mit einer großen Parade und einem großartigen Fest.

---

[46] Heinz Bauer; Friedrich Gerhard Hohmann: Die Stadt Paderborn, a.a.O., S. 23

Doch dann wieder ein Feuer: 1872 äschert der große Brand 24 Häuser ein und beschädigt neun weitere. Das trifft auch die Kaserne, die Ställe und die Reithalle. Gemeinde und Militär bauen alles wieder auf, sogar ein zweites Mal nach einem erneuten Brand.[47]

Ja, da passiert viel in Neuhaus im Leben von Joseph Thombansen und seiner Familie.

Bereits 1810 ist in Frankreich die Konserve erfunden worden (conserver = haltbar machen), mit der man Lebensmittel in luftdicht verschlossenen Behältnissen erhitzt und sie dadurch lange genießbar macht. Ursprünglich ist der Zweck dieser Konserven, Soldaten im Feld damit zu ernähren, ohne dass sie plündern, um an Essbares zu kommen. Jetzt ist die Technik auch für die Metzger Thombansen wegweisend, die früh Dosen und dann mit als Erste Gläserkonserven fabrizieren!

Lebensmittelhygiene wird bereits zgründlich geregelt. Bereits unter Napoleon dürfen Viktualien (= Lebensmittel) nur unter Auflagen verkauft werden. Fleisch muss vorher durch die Behörde besichtigt und für gesund befunden sein. Tiere werden vor und nach dem Schlachten von Fleischbeschauern untersucht oder von "Polizeibedienten, welche genau darauf zu instruieren" sind.[48]

Zur Arbeitsbeschaffung entstehen jetzt zahlreiche Fernstraßen wie die Verbindung Köln – Berlin den Hellweg entlang, wo schon die Reichsstraße 1 von Aachen nach Königsberg führt.

---

[47] Zu diesem Part: Dr. Fr. Wurm (Hrsg). Schloß Neuhaus. A.a.O., Seite 124 f.
[48] https://wiki.genealogy.net/Fleischerei#:~:text=Jahrhundert%3A%20Ein%20Handwerker%2C%20welcher%20das,in%20Niedersachsen%20als%20Schlächter%2C%20Fleischhauer%2C

Hinzu kommen die Strecken Lippspringe – Detmold, Neuhaus – Bielefeld und Paderborn – Wewer – Büren… . Mobilität auf Straße und Schiene zählt. Diese Routen verbinden den Paderborner Raum noch heute mit seinen Nachbarstädten und wichtigen Wirtschaftszentren. Bereits damals belebt das den Personen- und Güterverkehr, auch für Schinken, Dauerwurst sowie Fleisch- und Wurstkonserven der Firma Thombansen. Konserven sind im Geschäft. Das floriert.

Ein bisschen mehr begleitende Statistik:

Das Gewerbe wächst. Das Deutsche Reich zählt in der Berufszählung 1895: 92.873 (1882: 81.713) Fleischereibetriebe, 74.163 (62.747) davon sind sogenannte Hauptbetriebe mit 17.010 (14.007) männlichen und 31.003 (6.960) weiblichen beschäftigten Personen… . Auf 100 selbstständige Fleischermeister kommen 111 Hilfskräfte, der handwerkliche Kleinbetrieb herrscht also vor.[49]

Und heute? – "Das deutsche Fleischerhandwerk umfasst knapp 10.870 Meisterbetriebe, die zusammen rund 137.400 Mitarbeiter beschäftigen und etwa 17,1 Milliarden Euro umsetzen."[50] Jetzt gedeihen Großbetriebe zulasten von Handwerksmetzgern.

Neuhaus ist und bleibt Militärgrund. Ende des 19. Jahrhunderts wächst die Kavallerie auf dem Schlossgelände wieder an. Zusätzliche Ställe werden gebaut und der älteste Flügel vom Schloss wird Mannschaftsquartier. Zusätzliche Heuschober für die Pferdeversorgung entstehen genauso wie neue Wälle für Schießübungen. Zum Quartier gehört auch das inzwischen entstandene Sennelager mit seinem neuen Truppenübungsplatz, der noch heute in Betrieb ist. Das will versorgt werden.

---

[49] Dr. Fr. Wurm (Hrsg): Schloß Neuhaus, a.a.O., Seite 125
[50] https://de.statista.com/statistik/daten/studie/310568/umfrage/anzahl-der-betriebe-im-fleischerhandwerk-in-deutschland/

1881 sind in Neuhaus 410 Mann stationiert, also knapp ein Viertel seiner Bevölkerung. Ihr Exerzierplatz ist am Diebesweg am Rande der Senne, was der heutigen Hatzfelder Straße den Spitznamen „Ewigkeitsweg" einbringt, da er den rund ums Schloss kasernierten Soldaten im täglichen An- und Abmarsch endlos erscheint.

Im Jahr 1890 feiert das Regiment prachtvoll sein 75jähriges Jubiläum, und einmal jährlich veranstaltet die Kavallerie ihre Traditions-Jagd zu Pferde:[51] Dann versammeln sich 200 Offiziere und viele weitere Reiter in roten Röcken auf dem „Koksplatz" an der Kirche „Heinrich und Kunigunde", welch illustres Schauspiel für die Bevölkerung! Die Reiter folgen der Hundemeute durch das Schloss in die Senne und feiern anschließend den Jagdkönig.

Hochwasser gibt es im wasserreichen Kessel unterhalb der Egge fast jährlich, mal weniger, mal heftiger. Ein paar Stauwerke sollen die aus dem Kalksandstein immer wieder plötzlich anflutenden Wassermassen speichern. Sie bieten Anlass zu ständigem Ärger zwischen Mühlenbetreibern einerseits, die das Wasser als Antrieb brauchen, und den Viehhändlern und Bauern andererseits. Denn sie wollen ihre Weideflächen links und rechts von Pader, Alme und Lippe damit flößen (siehe auch Seite 71). Doch auch diese Staubecken helfen nicht immer. Als eine dieser Flut-Katastrophen mal wieder Felder, Höfe und Häuser unter Wasser setzt, sammelt das Musik-Corps des Militärs Geld als Unterstützung für die Opfer.

---

[51] Dr. Fr. Wurm (Hrsg.): Schloß Neuhaus, a.a.O., Seite 127

Conrad Joseph Thombansen

Hausherr ist in diesen Jahren der Metzgermeister Conrad Joseph Thombansen (1838 – 1890), der im Jahr 1865 Anna Maria Elisabeth Diekmann (1840 – 1907) aus Ostenland heiratet und 1868 laut Grundbuch das elterliche Haus erbt. In der Generation der Beiden tut sich eine Menge. Das Paar hat 16 Kinder, von denen sage und schreibe 14 heranwachsen (siehe 8167 ff.) und die Basis für weitere verzweigte Thombansen-Linien legen. Der Älteste, Joseph, geht als Metzgermeister nach Lippstadt, wo er sich aufgrund der inzwischen geltenden Gewerbefreiheit problemfrei niederlassen kann. Er heiratet 1908 Maria Morys (*1877) aus Oberschlesien, und bekommt mit ihr drei Söhne. Ihr Urenkel Daniel führt heute mit seiner Ilka das Lippstädter Brauhaus und Gasthaus siehe Seite 169.

Schon damals sorgt man sich um die Personalqualifikation. 1904 erlässt der Gemeindevorstand Neuhaus ein „Ortsstatut für die Gewerbliche Fortbildungsschule". Demnach müssen auch die Thombansen's ihre „gewerblichen Arbeiter (Gesellen, Gehilfen, Lehrlinge, Facharbeiter)" für Fortbildungen am 3. bzw. 6. Tag der Arbeitswoche freistellen. Diese „müssen mit gewaschenen Händen und in reinlicher Kleidung kommen. Sie dürfen den Unterricht nicht durch ungebührliches Betragen stören und die Schulgerätschaften und Lehrmittel nicht verderben oder beschädigen".[52]

---

[52] Ortsstatut in der Sammlung Thombansen, Transkript Ulla Thombansen

Mit der Reichsgründung 1871 unter Kaiser Wilhelm I. und Reichskanzler Otto von Bismarck sind die „Gründerjahre" richtig durchgestartet. Mit der jetzt erneut verkündeten Gewerbefreiheit und der beginnenden Industrialisierung beginnt eine lebendige Zeit. In Neuhaus etabliert sich die Spinnfabrik, in der bereits 1864 rund 200 Jungen und Mädchen arbeiten – ja, Kinderarbeit! Sie brennt 1886 ab, wird aber unverzüglich wieder aufgebaut. 1892 wird die Fernsprecheinrichtung installiert und 1894 das erste Automobil in Paderborn gesichtet – bis 1914 werden es allerdings nur zwanzig Exemplare werden.

Die elektrische Straßenbahn fährt ab 1899 von Paderborn nach Neuhaus, betrieben von der „Westfälische Kleinbahnen AG" in Bochum (siehe auch das Bild auf Seite 40). Hier zeichnen auch die Thombansen‘s Aktien, und die Aktiengesellschaft wird ab 1909 durch die neu gegründete PESAG abgelöst. Dann geht es Schlag auf Schlag: 1899 wird Neuhaus ans elektrische Licht angeschlossen, 1900 an das Stadtwasser. 1913 gründet sich der Neuhäuser Schützenverein.[53] 1922 lassen sich angrenzend an den damaligen Ortskern die Benteler-Werke nieder, die noch 2024 an dieser Stelle ansässig sind. Inzwischen ist das mitten im Ort – sowie an der Talle bzw. an insgesamt 87 Standorten national und international.[54]

Die Neuhäuser Möbelwerkstätten und die Neuhäuser Mühlenwerke gründen sich und existieren bis ins späte 20. Jahrhundert.

---

[53] Zu seiner Geschichte: Bürgerschützenverein Schloss Neuhaus, a.a.O., 2013
[54] https://www.google.com/search?client=safari&rls=en&q=Standorte+Benteler&ie=UTF-8&oe=UTF-8#vhid=/g/1wbfzhqq&vssid=global

Wieder ein paar Zahlen:
Verdienen kann ein hiesiger Arbeiter 21 Mark Wochenlohn bei 60 Wochenarbeitsstunden an sechs Tagen, also 1.092 Mark jährlich. Das liegt im Ostwestfälischen unter dem Minimallohn, bei dem man generell von 1.200 Mark im Jahr ausgeht. Allerdings sind die Kosten hier auch niedriger.[55]

Auch bei Thombansen's halten Maschinen Einzug, doch 1906 wird Eis zur Wurstproduktion und Fleischlagerung noch im Winter natürlich gefroren und dann in Kellern eingelagert. Vertraglich geregelt ist zwischen dem Mühlenbesitzer „Louis Rosenthal und der Witwe Conrad Thombansen", dass dieser „zum Zwecke der Füllung des ... Eisteiches in jedem Fall auf Verlangen das dafür erforderliche Wasser ... abzugeben" hat, und das ausschließlich zu diesem Zweck und in dieser Menge.[56] Der Vermerk im Reichsregistereintrag kostet damals eine Mark und neunzig Pfennig. Der Bauschein vom 15. Januar 1906 für die Errichtung von Eiskeller und Kühlanlage ist noch erhalten und hat bereits einen Preis von fünf Mark und 25 Pfennig. Eine Bedingung: Im Vorraum ist ein Schrank für Kleidung für die Beschäftigten aufzustellen, die sie „vor Erkältung schützen" soll.

Diese Generation mag zwar konservativ sein, geht jedoch in diesen Gründerjahren mit der Zeit. Auch hier wird ausgebaut, investiert, elektrifiziert und ausgebildet.

Jahrhundertwechsel!

---

[55] Paderborn – Geschichte der Stadt in ihrer Region. Walter Maron: Vom Ende des Fürstentums bis zur Gründung des Deutschen Reichea (1802 – 1871): In: Hüser, Karl (Hrsg.): Das 19. und 20. Jahrhundert. Traditionsbindung und Modernisierung. 2000
[56] Vertrag in der Sammlung Thombansen. Gefüllt wird der Eisteich im Winter bei Frost

1890 stirbt Conrad Joseph, jetzt packt Witwe Anna an. Ab 1904 entsteht noch unter ihrer Regie das neue mehrstöckige Schlachthaus hinter dem Wohnhaus. Mutter Anna stirbt 1907 mit 64 Jahren – noch mal: In 34 Jahren hat sie 16 Kinder geboren und davon 14 aufgezogen und daneben jahrelang die aufstrebende Firma gesteuert! Noch in ihrem letzten Le–bensjahr verzeichnet die Marienbader Curliste im August "Frau A. Thombansen mit Fräulein Tochter" aus Neuhaus als Gast im Tepler Haus.[57] Da war sie wohl schon nicht mehr gesund. Welche Tochter sie zur Kur nach Marienbad begleitet hat, ist nicht überliefert.

---

[57] https://www.oldnews.com/de/record

Illustrationen

*Oben: Haus Kirchthombansen, Neuhäuser Kirchstraße 5, 1681 erbaut und 1950 abgerissen.
Hier: 1895. Foto-Rechte: freigegeben durch Michael Pavlicic
Unten: Heinrich Thombansen's jüngster Sohn Konrad aus der „Josephus – Anton – Linie",
er erbt das Haus 1935 als letzter „Kirchthombansen".
Foto: Konrad Thombansen*

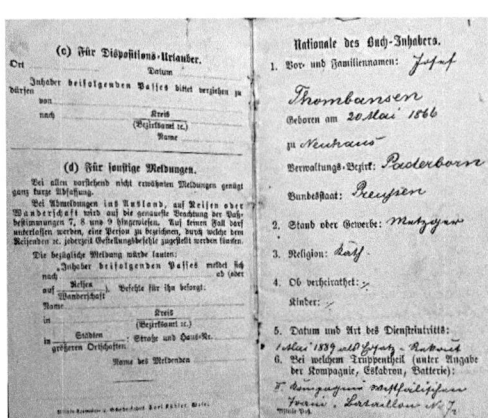

*Oben: Haus Paderborner Straße 34, heute Schlossstraße 6 – hier im Jahr 1905, mit Schlagläden vor der zweistöckigen „Utlucht" rechts und der damaligen Baumode entsprechend gekalkt, so dass das Fachwerk nicht sichtbar ist. Foto: Sammlung Thombansen
Unten: Der Wehrpass von Josef Thombansen, ausgestellt 1889. Sammlung Daniel Thombansen*

Oben: Thombansen-Brauerei und -Bier, aktuell gebraut von Daniel Thombansen in
Lippstadt. Foto links: Ulla Thombansen. Rechts Louise Bartner.
Unten: Anna, geb. Diekmann, und Conrad Joseph Thombansen 1865 im Jahr ihrer Hochzeit.
Foto: Familienalben

Anna Thombansen, geb. Diekmann, mit ihren 14 überlebenden Kindern:
Joseph (1866 – 1938), Metzgermeister in Lippstadt – Linie der Brauerei Thombansen in Lippstadt
Catharina (1867 – 1945), Lehrerin Neuhaus, sehr gute Malerin. Früh wegen TBC verrentet.
Schwierige Beerdigung wegen Einzug der Amerikaner
Anna (1868 – 1925), ab 1892 im Franziskaner-Orden in Siegburg: Schwester Helene
Theresia (Zwilling 1868 – 1934), Michaelskloster Paderborn, Schwester Juliana
Maria (1870 -1950), Michaelskloster Paderborn, Schwester Margaretha
Elisabeth (1871 -1907), arbeitet im Geschäft
Mathilde (1873 – 1962), führt den Haushalt
Helene (1874 -1952) verheiratet mit Konrektor Wienker, 2. Ehe in Hamburg
Conrad (1877 – 1944), führt das Geschäft zunächst weiter, verheiratet mit Antonette (Toni) Stork aus Soest.
Gertrud (1878 – 1925), verheiratet mit Metzgermeister Albert Broer aus Geseke, stirbt früh an Röntgenkrebs. Sohn Heinz Broer gründet den Broer-Imbiss in Paderborn, sein Neffe Ulrich betreibt ihn zum Zeitpunkt der Buch-Veröffentlichung, mit Sohn Stefan in einer Filiale im Dören-Park
Heinrich (1880 - 1941) verheiratet mit Louise Broer aus Geseke, tritt auch ins Geschäft ein
*Clara (*1881), Einritt in die Franziskanerinnen in Aachen-Burscheidt: Schwester Vinzentina*
Franz Xaver (1883 – 1937), Amtsgerichtsrat in Paderborn, verheiratet mit Maria Josefa Wiegand aus Brakel
*Agnes (*1887), verheiratet mit Rechtsanwalt Friedrich Zarnitz, Paderborn*
Sammlung Thombansen

Großfamilie vor dem Haus Schlossstraße 6 im Kriegsjahr 1917. „Das Längsdielenhaus kann mit einem der schönsten noch erhaltenen Deelentore und einer floral verzierten Torumrandung auf-warten"[58]
Erwachsene in der hinteren Reihe, von links:
Franz Thombansen, Maria Honervogt, geb. Broer; Mathilde Thombansen; Agnes Zarnitz, geb. Thombansen; Josef Wienker; Helene Wienker, geb. Thombansen; Katharina Thombansen; Gertrud Broer, geb. Thombansen; Louise Thombansen, geb. Broer; Albert Broer; Maria Thomban-sen mit Mieze auf dem Arm; Heinrich und Conrad Thombansen.
Kinder in der vorderen Reihe, von links:
Josef Wienker; Catharina Wienker; Conrad Thombansen; Heinrich Thombansen; Sophie Thom-bansen; Änne Thombansen; Konrad Broer; Paul Broer; Albert Broer; Heinz Broer.
Sammlung Thombansen

---

[58] Pavlicic, Michael; Krieger, Karla: Baukultur-Atlas Paderborn - Schloß Neuhaus, 2023, S. 9

Familientreffen zur Erstkommunion von Ulrich Thombansen im Garten, Weißer Sonntag 1935.
Hinten stehend: Franz Thombansen; Sophie Thombansen; Mathilde Thombansen; Konrad Josef
(Konni) Thombansen; Heinrich Thombansen (Heiners Vater in der Firma),; Franz-Josef Thom-
bansen; Conrad Thombansen (Heiners Onkel in der Firma; Kommunionskind Ulrich Thom-
banse;, Anna Broer (Berhörster); Rudolf Broer; Steffi; Elisabeth (Betti) Vockel, geb. Stork; Dor-
othea (Doris) Thombansen; Josef (Jupp) Thombansen; Louise Thombansen, geb. Broer, Albert
Broe;
Sitzend: Maria Thombansen, geb. Mory;, Josef Thombansen; Antonette (Toni) Thombansen, geb.
Stork; Conrad Thombansen; Catharina Thombansen; Heinrich Thombansen
Vorne: Mathilde Thombansen (Niewöhner); Philipp (Kurt) Broer; Margret Thombansen
(Botschen)
Sammlung Thombansen

Conrad & Heinrich Thombansen

In der Firma

Nach dem Tod von Mutter Anna übernehmen Metzgermeister Conrad (1877 – 1944) und Kaufmann Heinrich (1880 – 1941) den Betrieb. Sie gründen am 23. April 1907 die Firma C. & H. Thombansen als OHG. Die Firma investiert weiter. Bis 1912 kommen Rauchräume im Dachgeschoss hinzu, die bereits mit Maschinen ausgerüstet werden. Nun entsteht hier eine echte Fleischwarenfabrik, teilweise mit Kohle, Koks und Dampf-Energiequelle, teilweise bereits mit Stromantrieb, der über Riemen mehrere Maschinen am Laufen hält. Diese Technisierung zeigt sich auch an den Geräten, die im Zuge der 1920 folgenden Vermögensteilung an Heinrich übergehen:

Aufzug, Kreissägen, Häckselmaschinen, Tiger (Autorin: Das sind Fleischschneidemaschinen in der Leberwurstproduktion), Waagen, Kutter, Fleischwolf, Speckschneider, Füllmaschinen für 50, 80 und 150 Pfund Masse, Mühlen, Dosenverschlussmaschinen, Eisschrank, Wurstkessel, Backofen, Gefrieranlage, Kesselanlagen, Pressen, Aufschnittmaschinen, Pumpen, Waschmaschine, Motoren und Transmissionsriemen sowie diverse mechanische Einrichtungen wie Laufkatzen, Schwebebahn mit Rollen. …
Heizkessel und -körper.

Bei aller Industrialisierung geht der Streit um Zünfte und Innungen in Westfalen weiter. Verhasst ist die „Gewerbefreiheit", denn auch wer nicht zu Innung, Amt oder Zunft gehört, darf sich jetzt selbstständig und damit dem „Stand" der Handwerker, ja, den Etablierten Konkurrenz machen. Welch Ungemach!

Handwerk und Gewerbe kämpfen beharrlich gegen die Gewerbefreiheit, die sie mit – wie sie meinen – qualitativ minderwertiger Konkurrenz konfrontiert. Sie gründen 1868 und 1869 neue Innungen, die sich aber außer der Bäcker-Innung als nicht lebensfähig erweisen.

1900 entstehen wieder 13 Innungen, unter ihnen die Metzger-Innung. Je tausend Einwohner in Paderborn gibt es zur damaligen Jahrhundertwende in Paderborn, 3,1 Metzgermeister und -gesellen, ein Verhältnis, das sich bis 1914 auf 2,4 Fachkräfte absenkt.[59]

Inzwischen sind die Metzger durch die Kreis-Handwerkerschaft mit der gemeinsamen Bäcker- und Metzger-Innung Paderborn-Lippe in Paderborn und die Handwerkskammer Ostwestfalen-Lippe zu Bielefeld vertreten. In ihren Annalen sind die Metzger Thombansen von 1929 bis 1976 eingetragen (Vermerk: „Betrieb besteht seit 01.04.1903"), doch: „Eine frühere Eintragung kann auch in unseren Unterlagen nicht mehr nachgewiesen werden".[60]

Und wie ist das heute? Im Jahr 2024 kann Schloss Neuhaus nicht mehr durch Betriebe glänzen, die Fleisch verarbeiten und Wurst herstellen. Menneken, Berhörster und Thombansen haben keine Nachfolger. Fleischerei-Verkaufsstellen befinden sich noch auf dem Wochenmarkt sowie im REWE- und im Kaufland-Supermarkt. Dabei gibt es zwar deutlich mehr Bäckerei-Verkaufsfilialen, aber auch hier keinen Produktionsbetrieb mehr, nachdem Bäcker Gaßmüller 2022 seinen Betrieb in der Residenzstraße dicht gemacht hat.

---

[58] Auskunft der Handwerkskammer Ostwestfalen-Lippe zu Bielefeld per Mail vom 10. Mai 2924 von Michael Wiemers, Abteilung Wirtschaftsrecht

Im Ersten Weltkrieg

Die Truppen rücken bereits mit der ersten Mobilmachung aus Neuhaus aus. Als Bückeburger Jäger wird auch Heinrich eingezogen und erwirbt im Deutschen Alpenkorps das Eiserne Kreuz II. Klasse, so wird er in einer Anzeige zu seinem Gedenken ausgezeichnet (siehe 88).

Der Berichterstatter Fr. Wurm nennt die Situation in Neuhaus „traumatisch".[61] Bereits nach einem Kriegsjahr sind die Preise 1915 für die wichtigsten Lebensmittel doppelt so hoch wie im Vorjahr und steigen weiter. Viele Söhne des Ortes fallen. Frauen übernehmen die Arbeit in Männerberufen, so auch als Straßenbahnfahrerinnen. Französische Gefangene kommen nach Sennelager.

Während der „Kartoffelnot" 1916 stehen Neuhäuserinnen für rationierte Lebensmittel in langen Schlangen an, die sie mit Galgenhumor „Polonaisen" nennen. Strom wird zeitweise abgestellt. Der Durchhaltewille der Bevölkerung bröckelt.

Ein Ehrenhain mit einer Ruhestätte für die gefallenen Helden entsteht auf dem heutigen Waldfriedhof, und der Kriegerverein errichtet das Kriegerdenkmal.[62]

---

[61] Dr. Fr. Wurm (Hrsg): Schloß Neuhaus, a.a.O., Seite 99 f.
[62] Ebenda, Seite 99

Mit dem Waffenstillstand sind die hier stationierten Soldaten zunächst in Berlin und dann in München gegen die Spartakisten eingesetzt und kommen erst 1919 nach Ende der November-Revolution wieder nach Paderborn.[63] Nach der Truppenauflösung wird die Husarentradition, die bis ins 15. Jahrhundert in Ungarn zurückgeht, in Neuhaus in Erinnerungen weitergepflegt.[64]

Die politische „Systemfrage", welche die öffentliche Diskussion um neue demokratische Verhältnisse umschreibt, stellt sich in Ostwestfalen kaum – die Monarchie soll aus Sicht der meisten hiesigen Bürger und Bürgerinnen bleiben. Das ist eben ein konsequent konservatives Pflaster. Doch am 20. November 1918 wird auch in Paderborn ein Volksrat gewählt. In den Folgejahren hat dann die Zentrums-Partei die absolute Mehrheit. Dabei dauert die wirtschaftliche Not an und führt bereits im Juli 1919 zu neuen Unruhen. Die Empörung über den Druck aus dem Vertrag von Versailles schafft sich Raum.

Dabei scheint es Thombansen's nicht schlecht zu gehen. Im Februar 1918 wird eine Hypothek für Konrad und Heinrich Thombansen über achttausend Mark auf dem Grundstück vom Gastwirt Joseph Peters in Elsen eingetragen.

---

[63] Die Novemberrevolution von 1918/ 19 führt am Ende des Krieges zum Sturz der Monarchie und zum Beginn der parlamentarischen Demokratie: Der Weimarer Republik. Auslöser sind Meutereien von Schiffsbesatzungen, die trotz bereits feststehender Niederlage in die Schlacht geschickt werden. Am 9. November 1918 wird die Republik ausgerufen, und Friedrich Ebert übernimmt mit den Sozialisten die Macht. Kaiser Wilhelm II. und die Bundesfürsten danken ab. https://de.wikipedia.org/wiki/Novemberrevolution
Als Spartakusaufstand werden der Generalstreik und die bewaffneten Kämpfe vom 05. bis 12. Januar 1919 bezeichnet, mit denen Kommunisten die Wahlen verhindern wollen. https://de.wikipedia.org/wiki/Spartakusaufstand
[64]https://www.geschichtewiki.wien.gv.at/Husaren#:~:text=Husaren%2C%20abgeleitet%20von%20Huszár%20%3D%20Reiter,russischen%20Armee%20waren%20die%20Kosaken)

Sie ist mit fünf Prozent zu verzinsen, fällig in halbjährlichen Zahlungen. Ob es hier um ein Darlehen an den Wirt oder um die Sicherung von Schulden geht, ist nicht bekannt. Deutlich ist aber, dass die Firma wirtschaftlich so gut dasteht, dass sie sich den abfließenden Betrag leisten kann.[65] Wieder Dr. Wurm: „Vor allem die kleineren Betriebe vermochten auf der Grundlage handwerklichen Könnens und Fleißes ihre Existenzen auf- und auszubauen."[66] So auch diese Metzger.

Conrad heiratet 1920 Antonette Stork aus Soest (1888 – 1972), in der Familie bekannt als „Oma Toni" (siehe 170). Im selben Jahr tritt er aus der gemeinsamen Firma aus und macht sich in Neuhaus als Viehhändler selbstständig. Beide Gewerke, Fleischwarenfabrik und Viehhandel, florieren. Conrad hat noch im Krieg 1917 das Haus Residenzstraße 4 mit Nebengebäuden und Hofflächen gekauft. Nach dem Tod seiner Frau Toni geht es in den 1970er Jahren an die Stadt Paderborn über. Es wird heute links von der Schlosskreuzung als „Die Villa" geführt, als Haus der offenen Tür für Jugendliche. Das ist eines der großen Backsteinhäuser in Neuhaus, die jetzt zunehmend entstehen und deutlich weniger brandgefährlich sind.

Conrad wird am 11. Februar 1944 in Göttingen auf einer seiner vielen Reisen als Viehhändler nach Berlin sterben. Es erstaunt die heutige Familie Thombansen, wie mobil ihre Ahnen schon damals vor der umfassenden Motorisierung sind. Fuhrwerke und Eisenbahn bringen sie auch an ferne Ziele.

---

[65] Dokument aus der Sammlung Thombansen
[66] Dr. Fr. Wurm (Hrsg): Schloß Neuhaus, a.a.O., Seite 99

Illustrationen

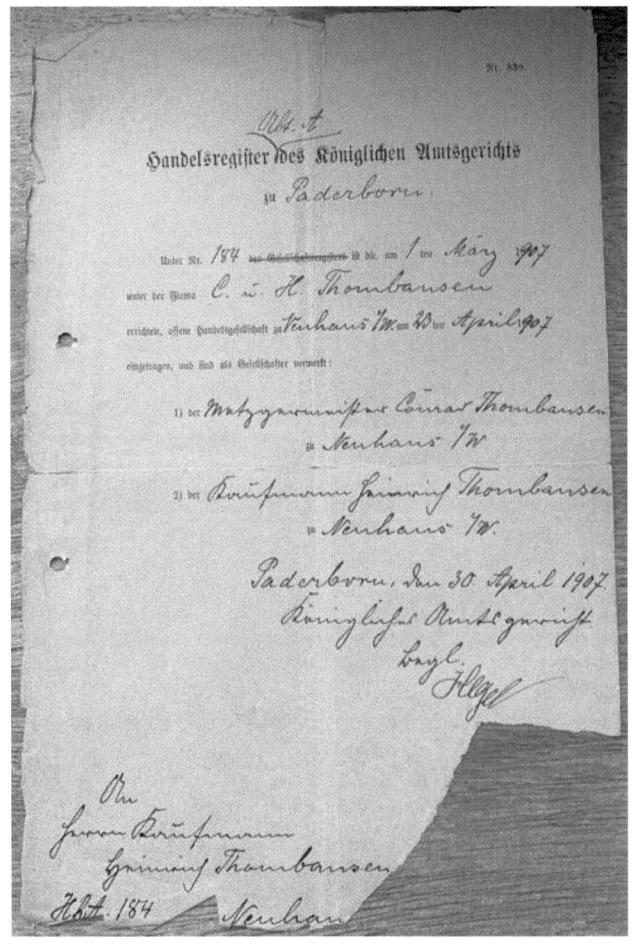

Das ursprüngliche Dokument der Firmengründung C. & H. Thombansen OHG.
Sammlung Thombansen

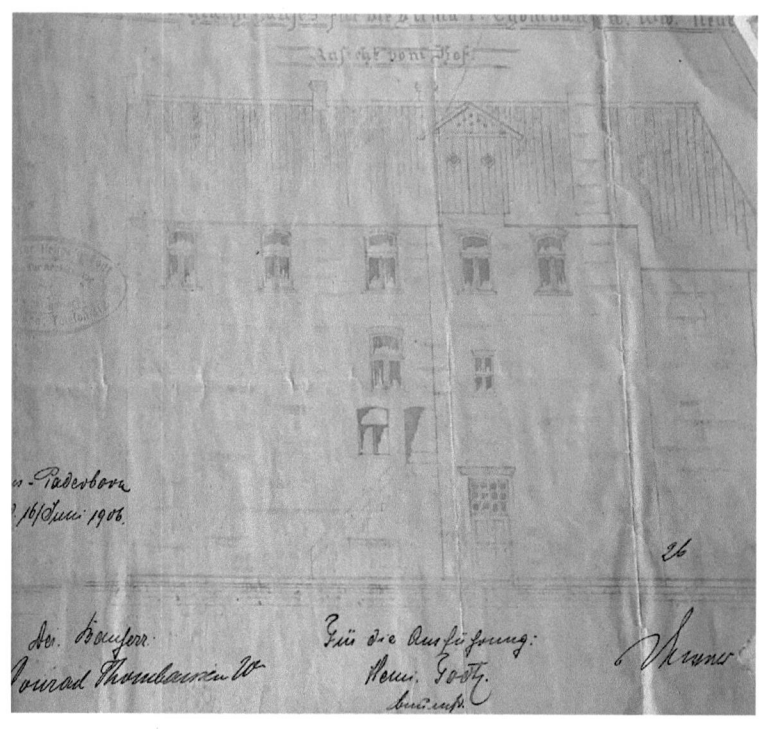

Genehmigungsplan für das Schlachthaus 1907, das bis 1912 weiter ausgebaut wird

Der fesche Bückeburger Jäger Heinrich Thombansen. Foto: G.Klimmer, Bückeburg

Heinrich Thombansen

In der Firma

Heinrich Thombansen hat bereits 1908 Louise Broer (1885 - 1950) geheiratet, was der Beginn einer engen Beziehung zur Familie Broer aus Geseke ist (siehe 173).

Zu den wirtschaftlich gesunden Familien gehören die Metzger Thombansen, nicht zuletzt dank der Lieferungen an die Armee. Hier wird das 100.000-Mann-Heer ausgehoben.

Mit der Firmenteilung 1920 übernimmt Heinrich allein die C. & H. Thombansen OHG. Darüber existiert ein umfangreicher Vertrag mit noch umfangreicheren Teilungsdokumenten über das Vermögen, die aufschlussreich die damalige Zeit und ihr Wirtschaftsleben beleuchten. Hier einige Auszüge:

1. "Von dem jetzt vorhandenen Vermögen verbleibt Konrad das ihm bereits gehörende Vermögen. Obwohl Konrad grundsätzlich das Vermögen zusteht, das ihm durch das Testament der Mutter vermacht ist, soll für die Berechnung des ihm zustehenden Vorausteiles von dem Vermögen ausgegangen werden, das zur Zeit des Eintrittes (abgesehen vom Quienhagen u. der kleinen Wiese an der Bahn) Heinrichs in die offene Handelsgesellschaft (1903) vorhanden war.
2. Das seit Heinrichs Eintritt erworbene Vermögen sowohl das in der gemeinschaftlichen Führung des Geschäftes, wie auch das in dem landwirtschaftlichen Betriebe erworbene, soll brüderlich geteilt werden." ...

Weitere Vermögensteile werden real geteilt, ebenfalls "brüderlich". Zudem werden die Schwestern ausbezahlt.

> "Mathilde erhält an Zinsen von ihrem Kindesteil von 1907 -1920:
>
> 5.100.- Mark
>
> sowie für Leistungen im Hause bis 1910   7.000,- Mark
>
> zusammen: 12.101,- Mark
>
> Agnes erhält an Zinsen vom Kindestheil von
> 1907 – 1920:   2.367,- Mark
> Auf einen Entgelt für Leistungen im Hause ver-
> zichtet sie.
>
> Louise erhält die eingebrachte Mitgift in Höhe von
> 18.000,- Mark
>
> zurück."

Heinrich übernimmt die Firma komplett mit dem Elternhaus – entgegen ersten Planungen, denn im Vertragsvorentwurf ist es noch bei Conrad angesiedelt –, allerdings darf Heinrich es nicht ohne Weiteres verkaufen:

> "Die bisherige Firma C. & H. Thombansen soll Heinrich berechtigt sein in gleicher Weise fortzuführen. Da es im Interesse der Familie liegt, dass das elterliche Haus in der Familie Thombansen bleibt, wird Heinrich verpflichtet, innerhalb zehn Jahren das Haus ohne schriftliche Zustimmung seiner drei Brüder, Josef, Konrad und Franz, nicht auf einen anderen übertragen zu dürfen."[67]

An Gelände bleiben bei Konrad aus seinem ursprünglichen Erbe: die Fluren Dubeloh, Bügg, Garten, Kamp, Fürstenweg, Quinhagen[68], Bleiche, Wiese an der Bahn, Filiale in der Senne.

---

[67] Aus der von der Autorin transkribierten Vertragsabschrift. Dokument in der Sammlung Thombansen. Hier wird Konrad immer mal wieder mit K geschrieben.
[68] Die älteste Bezeichnung hierfür ist der Quiddenhagen = Jungviehweide. Siehe Pavlicic, Michael; Krieger, Karla, a.a.O., S.10

Aus der Teilung behält er achteinhalb Morgen Plan Graute, acht Morgen Plan Menne, Münsterstraße 94, dann 36,44 Morgen Kohlstelle sowie Schuppen und Bügg, im Gesamtwert vom 363.060 Reichsmark. Heinrich erhält den Plan Menneken mit 11,86 Morgen, das Wohnhaus Paderborner Straße 34 mit dem Neubau dahinter und den Plan Siebenstern (Weideland Dringenberg, gekauft 1919) mit 69,65 Morgen im Wert von insgesamt 383.040 Reichsmark. Dazu werden diverse landwirtschaftliche Geräte verteilt, die zeigen, dass hier gehandeltes Vieh geweidet und gefüttert wird:

"1 Mähmaschine, 5 Pflüge, 1 Heuwender, 1 Kunstdüngerstreumaschine, 1 Runkelsämaschine, 1 eiserne Egge, 1 hölzerne Egge, ...1 Wiesenegge behält Konrad; dafür bekommt Heinrich das dicke Jauchefass!"

Auch Fahrzeuge wechseln den Besitzer: Arbeits-, Kutsch- und Federwagen, Gig, Acker- und Kippwagen mit Kutsch- und Arbeitsgeschirren. Nicht zuletzt gehen ein Fahrrad mit Gummibereifung und eins mit Holzfelgen an Heinrich, plus der nach dem Krieg aus Armeebeständen gekaufte Militärwagen mit breiten Rädern sowie "drei Pferde, der kleine Braune und zwei Engländer", vier Kühe und drei Schweine. Das Unternehmen floriert. Neben all diesen Besitztümern betragen Bankeinlagen gut 100.000 Mark, Wertpapierbestände 80.000 Mark sowie durch Hypotheken abgesicherte Forderungen 60.000 Mark.

Produziert und verkauft werden rund um 1850 neben dem Sortiment für die Fleischerfachgeschäfte in Neuhaus und inzwischen auch in Sennelager vor allem Westfälische Schinken, Dauerwurst sowie Würstchen- und Eisbein-Konserven. All das wird auch in das erblühende Ruhrgebiet, in die Mark rund um Hamm und in den Raum Minden geliefert (siehe Anzeige auf Seite 75).

Und familiär? Heinrich und Louise bekommen die sechs Kinder Conrad, Heinrich, Sophia (Sophie), Anna (Änne), Maria (Mieze) und Josepf (Jupp, siehe Seite 175). Sie alle werden ihr Neffe Heiner und seine Frau noch kennenlernen. Mutter Louise ist als elegante und energische Dame von Welt bekannt, die ihre Familie und die Firma fest im Griff hat. An Vater Heinrich erinnern sich Ältere gerne wegen seines Humors und der Späße, zu denen er bei seinen Kindern immer aufgelegt ist.

Die "Goldenen Zwanziger Jahre" glänzen nicht immer golden, sondern bergen Krisen. Die Nahrungsmittelversorgung ist chronisch miserabel. Arbeitslosigkeit und Hunger herrschen während der galoppierenden Inflation auch in der neuen Währung, obwohl sich die Lage nach 1924 zunächst konsolidiert.

Zur Inflation: "Am 17. Oktober 1923 verlangten die Paderborner Einzelhändler für einen Liter Milch 150.000 Mark, für einen Zentner Kartoffeln fünf Milliarden Mark; ein Sack Mehl kostete vier Wochen später zwischen sechs und acht Billionen Mark, Ende November 50 Billionen Mark."[69]

Zur Arbeitsbeschaffung in Ostwestfalen entstehen über Genossenschaften geförderte Wohnungen und öffentliche Bauten. 1929 wird das Zementwerk in Paderborn eröffnet und ebenfalls das neue Wasserwerk am Diebesweg.

Und wieder ist es das Militär, das für Umsatz sorgt: Nach Münster, Paderborn und Neuhaus kommen Reiter-Schadronen, die auch im Grenzschutz in Oberschlesien Einsatz finden.

---

[69] Zitiert nach: Paderborn – Geschichte der Stadt in ihrer Region. Walter Maron: a.a.O., Seite 185

Ab 1933 folgt der schnelle Heeresaufbau, auch mit zusätzlichen Kasernen in Neuhaus an der Husarenstraße. Der Truppenübungsplatz in Sennelager wird weiter ausgebaut.

Das Leben ist auf das Militär eingestellt. Mit wachsender Motorisierung dehnt sich dann auch der zivile Kundenkreis der Fabrik weiträumig und beständig aus. Doch da endet schon die Scheinblüte. Während 1929 gut tausend Menschen rund um Paderborn Arbeit suchen, sind es bereits drei Jahre später mehr als Zehntausend, und die Fürsorge erfasst jetzt bereits zwanzig Prozent der Bevölkerung. Immer neue "Zwangsverordnungen" der Regierung Brüning treten in Kraft, bringen jedoch keine Abhilfe. Adolf Hitler wird am 30. Januar 1933 Reichskanzler, auch wenn sich die Nationalsozialisten zunächst im "schwarzen Paderborn" schwer tun, wie ihre eigene Chronik beklagt.[70]

Schlimme Zeiten folgen für die wenigen Juden in Neuhaus – hier der Rückblick:

> In der Reichsprogromnacht am 09./ 10.11.1938, angekündigt mit einem Funkspruch der Gestapo an den Amtsbügermeister, werden "bei der Witwe Grünewald die Einrichtung der Gaststätte zum gößten Teil und Fenster zerstört. ... Der Schaden wird mit 1.200 Reichsmark angegeben. Weiter wurden danach im Privathaus der Witwe Rosenthal in der Paderborner Straße 23 acht Fenster zertrümmert mit einem Schaden von 60 Reichsmark."[71]

---

[70] Paderborn – Geschichte der Stadt in ihrer Region. Walter Marona: a..a.O., S.206 ff. und 212
[71] Bericht des Amtsbügermeisters von Neuhaus am 17.11.1938 an die Gestapo. Stadt- und Kreisarchiv Paderborn, zitiert nach Hans Georg Hunstig: Zur Geschichte der Juden in der „Reichskristallnacht" in Schloss Neuhaus. „Wer vor der Vergangenheit die Augen verschließt, der wird am Ende blind für die Gegenwart". Die Residenz, Folge 91, Oktober 1988, Seite 3 ff.

Die Resonanz in der Bevölkerung ist wohl gemischt, es gibt auch Stimmen, die das zerstörerische Ausmaß für unnötig halten, auch weil es letzten Endes "zu Lasten des deutschen Volksvermögens" gehe.

Das jüdische Ehepaar Kaufmann Julius (*1874 in Neuhaus) und Karoline Grünewald (*1886 in Niedermarsberg) wohnt in der Sertürner Straße 8, wo es einen Schmierölhandel und eine beliebte Gaststätte betreibt, ein gern besuchter Treffpunkt der Neuhäuser. Ihre Tochter Hildegard geht in Neuhaus auf die Volksschule und dann aufs Gymnasium im Michaelskloster in Paderborn. Vater Julius stirbt bereits 1938 vor den Nazi-Übergriffen. Die Tochter rettet sich über Wien in die USA und zieht später nach Israel. 1939 ziehen auch Schwester und Schwager von Frau Grünewald in die Sertürner Straße. "Mehrere alte Neuhäuser haben selbst gesehen, wie diese Beiden dann zusammen mit Frau Grünewald von der SA abgeholt wurden. In den nüchternen Dokumenten des damaligen Amtes Neuhaus ist zu Frau Grünewald vermerkt: 'Verzogen am 10.12.1941 nach Bielefeld zu Transport.' Sie sind dann in den Vernichtungslagern der Nazis ermordet worden."[72]

Das Paar Louis und Emilie Rosenthal hat sechs Kinder. Louis ist ja schon 1911 verstorben, Emilie wird "Anfang der 1940er Jahre ins Konzentrationslager Theresienstadt bei Prag verschleppt. Dort stirbt sie 1944 an Mangelernährung und Krankheit. – Der älteste Rosenthal-Sohn Arnold wird mit seiner Frau Hilde nach Theresienstadt verschickt wie auch sein Bruder Heinrich, Rechtsanwalt in Dortmund. Die drei kommen schließlich in den Gaskammern in Auschwitz um. "Sohn Karl hatte als deutscher Patriot als Offizier bei den 8. Husaren am Ersten Weltkrieg teilgenommen und entzog sich dem Zugriff der Nationalsozialisten durch Flucht nach England. Dort starb er 1956", so die Annalen. Tochter Anna flieht in die USA und Tochter Trude nach Italien und später in die USA. Tochter Hilda, verheiratet mit Dr. Heinrich Steffensmeier, übersteht die Zeit versteckt bei ihrem Schwager, dem Pastor Franz Steffensmeier im Sauerland, und lebt später in Essen, wo ihr Mann ein engagierter Politiker ist.

---

[72] Hans -Georg Hunstig: Zur Geschichte der Juden in der „Reichskristallnacht" in Schloss Neuhaus. A.a.O., Seite 3 ff.

Viele Zitate belegen, dass die Familie in Neuhaus als sehr hilfsbereit bekannt und beliebt ist. Seit 1993 erinnert in den Paderauen der Emilie-Rosenthal-Weg an die sozial engagierte Familie und ihr Schicksal.

Als Heereslieferanten und teilweise auch aus Überzeugung sind die Thombansen-Familien mit an Bord der Nazis. Heiners Bruder Conrad erinnert sich: "Als ungefähr 14-Jähriger habe ich in dem 'Kabuff' – einem kleinen Speicher hinter meinem Zimmer – eine Holzschatulle mit alten Fotos aus der Vorkriegszeit gefunden. Auf einem Bild grüßt die Belegschaft der Fleischwarenfabrik, aufgestellt vor dem Stammhaus auf der Schlossstraße, den vorbeifahrenden Konvoi des Führers mit dem Hitlergruß. Ich habe das Foto unserer Mutter gezeigt, die peinlich berührt meinte: 'Das verstehst Du nicht, Conrad. Man konnte damals gar nicht anders als mitzugrüßen.'"

Conrad und Heinrich machen ihre Metzgerausbildung im elterlichen Betrieb, Heinrich schließt sie 1929 mit "gut" ab und geht dann einen Monat nach Wiedenbrück und drei Monate nach Berlin, sozusagen auf kurze "Gesellenwanderschaft". Später ist sein Spruch häufig: "Ich hab noch einen Koffer in Berlin", was seine Frau wenig amüsiert. Conrad führt seine Wanderschaft als Geselle 1928/ 29 nach Thüringen, in die Lausitz, nach Braunschweig, Dortmund, Nordhorn und Osnabrück, wo er am 29. Mai 1929 seine Meisterprüfung ablegt. Lange Jahre ist er Mitglied des Sozialausschusses der nordrhein-westfälischen Fleischwarenindustrie und Preisrichter der Deutschen Landwirtschafts-Gesellschaft.

Heinrich fungiert später von 1952 bis 1960 ehrenamtlich als Kassenprüfer der Fleischer-Innung Paderborn. Und er ist in der Gemeinde in der Lipperegulierung aktiv:

Über die Jahrzehnte wird immer wieder Wasser für die Bewässerung der Viehweiden aufgestaut, was, wie schon angesprochen, gerne zum Streit mit den Mühlenbetreibern führt. Noch 1936 plant die Lippewiesen-Genossenschaft den Neubau eines Lippestauwerks, einer Durchlassschleuse mit fünf Wasserdurchlässen. Die Genossenschaft besteht aus sieben Neuhäusern mit unterschiedlich vielen Anteilen: Ferdinand Kuhlenkamp, Witwe Joseph Kuhlenkamp, Theodor Vockel, August Hunstiger, Ferdinand Hunstiger, Wilhelm Thombansen und Heinrich Thombansen als Vorsitzendem. Hier wird gekauftes Vieh geweidet, und das Lippestauwerk dient der gesteuerten Bewässerung der Wiesen.

Heiner erinnert sich: "In den Gräben haben die Männer nach dem Flößen Aale gefangen, getötet und dann im Betrieb vor dem Räuchern aufgehängt. Die haben noch am nächsten Tag gezittert." Seine Geschwister und er finden das grauslich und schütteln sich noch heute.

Der Stauwerk-Bau wird mit 1.500 bis 2.000 Reichsmark veranschlagt und kostet letztlich exakt 1.967,89 Reichsmark, wovon die Gemeinde Neuhaus die Hälfte tragen soll. Diese will im Sommer Wasser über eine Rohrleitung unterhalb der Staustufe für eine neu zu errichtende Badeanstalt an der Dubelohstraße ableiten. Das gestattet die Interessengemeinschaft nach einer Versammlung am Karfreitag 1936, obwohl sie auch in den warmen Juli- und Augusttagen für den zweiten Grasschnitt flößen muss. Der Wasserstand kann jederzeit durch eine Winde mit Getriebe reguliert werden. Darüber wird ein Wasserbuch geführt. Heiner erinnert sich noch an das Bad, das nach dem Krieg an die Briten geht und von ihren Soldaten genutzt wird.

Im Jahr 1939 wird das Stauwerk nochmal in einem Schreiben der Interessengemeinschaft an die Polizeiverwaltung aktenkundig[73]:

> "Neuhaus i/ Westf., den 31. Juli 1939
>
> An die Polizeiverwaltung,
>
> Neuhaus i./W.
>
> Die Schüler Bolte und Feldmann, welche in der Walkenmühle wohnen sollen, sollen beim Baden in der Lippe aus Übermut das Schloß am Stauwerk zerschlagen und entwendet haben. Die Sperrvorrichtung ist dabei auch gewaltsam demoliert worden. Das neue Stauwerk ist vor zwei Jahren mit viel Mühe und Unkosten neu errichtet worden. Aber die Halbwüchsigen Burschen können nichts heile lassen. Der Landwirt Friedr. Claus, Marienloher Str., welcher mit der Wartung des Stauwerkes beauftragt ist, hat die Täter festgestellt. Die Lippewiesengenossenschaft bittet diesen Tätern ein gehörigen Denkzettel zu geben.
>
> Die Lippewiesengenossenschaft, i.V."

Konflikte mit Lebensmittel-Kontrollbehörden gibt es öfter: Schon mit Beginn des Ersten Weltkriegs, als der stellvertretende Generalkommandant einen vorher verhängten Lieferstopp von Fleischwaren aufhebt (siehe 79). Oder 1935 in einer Begutachtung von "Knochenschrot aus einem Prospekt der Firma C. & H. Thombansen, Neuhaus":

> Die NAGUT-Kraftfutterfabrik aus Lage verweigert hier die Waren, da sie mit Autoklaven entfettet sind und "höchstens phosphorsauren Futterkalk darstellen". Das im Prospekt angepriesene "Knochenschrot aus blutfrischen Knochen als Futtermittel" dürfe nicht entfettet und auch nicht abgekocht werden.

---

[73] Dokumente in der Sammlung Thombansen

> Die Firma Thombansen werde "eines Tages mit der Staatsanwaltschaft in Berührung kommen, denn was sie anbietet und liefert ist in unseren Augen Vorspiegelung falscher Tatsachen".[74]

Harte Worte. Da passt der Spruch der Wurstmetzger, der manches Mal zitiert wird: "Wenn die wüssten, was da reinkommt, dann komme ich da rein, wo ich nie wieder rauskomme!"

> Und der Verdienst in dieser Zeit?
> Inzwischen erhält der Metzgermeister Josef Limbach als Produktionsleiter in der Firma Thombansen monatlich 290,00 Reichsmark, wodurch "die jeweiligen Überstunden mit abgegolten" sind und womit er sich am 29. Juli 1939 schriftlich einverstanden erklärt.[75] –
> Heiner hat ihn noch kennengelernt und meint: "Das war ein guter Mann!"

Aus dem Januar 1938 und dem März 1940 datieren für einen weiteren Fabrikausbau eine "Handzeichnung nach den Katasterkarten" (siehe Seite 78) und die "Genehmigungsurkunde":

> "Dem Heinrich Thombansen, Schlachterei und Wurstfabrik in Neuhaus, Paderborner Str. 34, wird hiermit nach §§ 16, 25 der Reichsgewerbeordnung …
> in Verbindung mit dem Befreiungsbeschluss über die Überbebauung des Grundstücks vom 16.2.1940, … die Genehmigung erteilt, sein Schlachthaus in Neuhaus an der Paderbornerstraße nach den beigehefteten, berichtigten Zeichnungen und Beschreibungen zu erweitern und in Betrieb zu nehmen,…"
> 76

---

[74] Dokument in der Sammlung Thombansen
[75] Dokument in der Sammlung Thombansen
[76] Dokument in der Sammlung Thombansen

Vater Heinrich plant bereits 1937, "mit Rücksicht auf sein Alter und aus gesundheitlichen Gründen das bisher von ihm als alleinigem Inhaber betriebene gewerbliche Unternehmen einer Fleischwarenfabrik nebst dazugehörigem Ladengeschäft an seine Söhne Konrad und Heinrich zu verpachten". Zudem existiert der Entwurf für einen neuen Gesellschaftsvertrag aus dem August 1940. Danach sollen Heinrich Thombansen sen. mit 50 Prozent, Sohn Konrad mit 30 Prozent und Sohn Heinrich mit 20 Prozent am Gewinn und Verlust beteiligt werden.[77] Auch dieses Abkommen ist nicht mehr zum Zuge gekommen.

---

[77] Vertragsentwürfe in der Sammlung Thombansen

Illustrationen

C. & H. Thombansen

Neuhaus i. Westf.

liefert seit über 100 Jahren die berühmten

Westfälischen Schinken

Außerdem in hervorragender Qualität
feinste Westfälische Dauerwurstwaren
Plockwurst, Cervelatwurst, Mettwurst, Salami usw.
Schinken in Dosen und Dosenwürstchen

Prämiiert mit der Goldenen Medaille
Paderborn 1913

Man verlange Preisliste

Anzeige der C. & H. Thombansen vor dem Ersten Weltkrieg. Sammlung Thombansen

Neuastenberg

275 Einwohner. Amtsgericht Berleburg. Landgericht Arnsberg. Eisenbahnstation Olsberg. Post- und Telegraph, Fernsprech-amt Winterberg.

Wilh. Dünnebacke, Wittgensteiner Holzwaren-Industrie, *F* Winterberg 5.

Kaspar & Albert Rossel, Gasthof, *F* Winterberg 7.

Lorenz Sander.

Neuenbeken

700 Einwohner. Amts- und Landgericht Paderborn. Eisenbahnstation. Post u. Telegraph. Fernsprechamt Lippspringe.

A. Bruns, Getreidehandlung, *F* Lippspringe 113.

Neuenheerse

775 Einwohner. Amtsgericht Warburg. Landgericht Paderborn. Eisenbahnstation. Post und Telegraph. Fernsprechamt.

Schmitz & Co., Baugeschäft, *F* 6.

Johann Schüttler, Kaufhaus, *F* 3.

Neuhaus

4025 Einwohner. Amts- und Landgericht Paderborn. Eisenbahnstation. Post und Telegraph. Fernsprechamt Paderborn.

Th. Adrian, Gemischtwaren, *F* Paderborn 838.

Eigelsberger Textilwerke G. m. b. H., Kunstbaumwolle, gesponnene Putz-baumwolle, *Psch* Hannover 4040, *F* Hannover S 8693 und Paderborn 911. A. B. C. Code 5 th. Edition.

Hunstig & Sprenkamp, Möbelfabrik, *Psch* Hannover 13614, *Blk* Deutsche Bank, Zweigstelle Paderborn, *F* Paderborn 387.

Karl Koch, Gemischtwaren, *Blk* Deutsche Bank, Paderborn.

Josef Linden, Adler - Apotheke, *F* Paderborn 574.

A. Rosenthal & Co., Neuhäuser Mühlenwerke, Getreidemühle, *Psch* Hannover 1757, *Blk* Reichsbank-Girokonto, *F* Paderborn 19 u. 149.

Anton Siemen, Baugeschäft, *F* Paderborn 460.

C. & H. Thombansen, Fleischwaren-fabrik, *Psch* Hannover 2714, *Blk* Deutsche Bank, Paderborn, *F* Paderborn 213.

Anton Willeke, Baugeschäft, *F* Paderborn 376.

Niederbauer

bei Oestinghausen.

A. Niehaus, Kornbrenn., Ziegel., *F* 14.

Niederbergheim

Eisenbahnstation. Postagentur. Fernsprechamt

Franz Stratmann, Kolonialwaren-handlung u. Metzgerei, *F* 26.

Kaspar Tigges, Getreide u. Futter-mittel, Kunstdünger, *F* 24.

Niedereimer

600 Einwohner. Amts- und Landgericht Arnsberg. Eisenbahnstation. Post und Tele-graph. Fernsprechamt Arnsberg.

Grothoff & Schulte, Aluminiumwaren, *F* Arnsberg 252.

Aus dem Firmenverzeichnis von Paderborn 1921. Sammlung Thombansen

Oben: Die Bilanz von C. & H. Thombansen aus Neuhaus weist 1912 Aktiva und Passiva von 290.792,33 Mark aus bei einem Reinvermögen, sprich: Eigenkapital von 245.257,61 Mark. Unten: Oben: Abgabenquittung aus dem Jahr 1916. Sammlung Thombansen

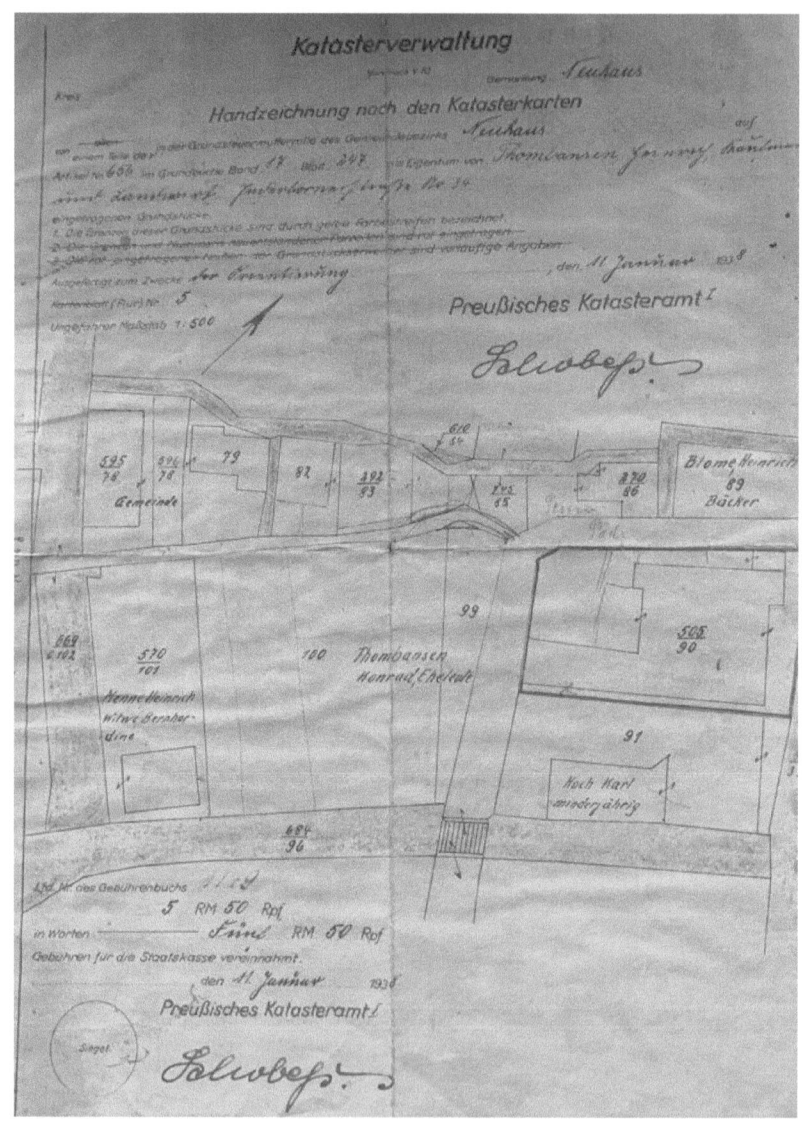

Handzeichnung Firmengelände 1938. Sammlung Thombansen

VII. Armeekorps.
Stellvertr. Generalkommando.

Nr. IVa. n. 10202

Auf die Eingabe vom 20.10.1914.

Münster, den 17. November 1914.

An

den Schlächtermeister

C & H. Thombansen,

N e u h a u s.

bei Paderborn

Seine Exzellenz der Herr kommandierende General hat Ihre
Wiederzulassung als Lieferant für den diesseitigen Korpsbe-
reich ausnahmsweise verfügt. Es ist dies jedoch nur geschehen
in Berücksichtigung der Zeitverhältnisse und in der bestimmten Erwartung, dass Vorkommnisse, die Ihre Ausschliessung
erforderlich gemacht haben, für die Folge unbedingt vermie-
den werden.

Zur Sicherheit haben Sie ein Anerkenntnis dahin lautend
auszustellen, dass Sie stets einwandfrei liefern werden und
dass Sie eine Prüfung Ihrer Berufstätigkeit, sowie Ihrer ge-
samten Geschäfts= und Wirtschafteräume durch die betreffenden
Truppenteile und Militärverwaltungsbehörden jederzeit zulas-
sen.

Von seiten des Generalkommandos.
Für den Chef des Gen.-Stabes:

Korps-Intendant.

Aufgehobener Lieferstopp 1914. Sammlung Thombansen

79

Oben: Haus Residenzstraße 4, Wohn- und Geschäftshaus des Viehhändlers Conrad Thombansen. Foto: https://de.wikipedia.org/wiki/Datei:Neuhaus-Residenzstrasse_4.jpg (lizenzfrei). Hier erlebt Tochter Margarete, später verheiratete Botschen, das Ende des Zweiten Weltkrieg. Unten: Die Brüder Heinrich und Konrad Thombansen im noch nicht verzierten Torbogen der Paderborner Straße 34, heute Schlossstraße 6. Im Schaufenster des Ladens hängen die dort produzierten Würste. Foto: Sammlung Thombansen

Oben: *Die junge Frau Louise Thombansen, geb. Broer. Foto: Wilhelm Böse*
Unten: Besuch vor der Schlossstraße mit einem Adler-Trumpf Cabrio,
bewundert von Vater Heinrich, Mutter Louise, Sohn Heinrich sowie Tochter Mieze (von links).
Wer die feschen Besucher sind, weiß heute niemand mehr. Foto: Sammlung Thombansen[78]

---

[78] Das PKW-Modell baut die Automobilfirma Adler zwischen 1932 und 1938. Es hat die gleichen Motoren (1,5 Liter bzw. 1,65 Liter Hubraum) wie das Schwestermodell Primus, jedoch im Unterschied zu diesem einen Frontantrieb. Die moderne Konstruktion stammt von Hans Gustav Röhr. Bis 1936 werden von den ersten Ausführungen 18.600 Fahrzeuge verkauft. https://de.wikipedia.org/wiki/Adler_Trumpf. Recherchiert durch P. G. Schmidt

*Oben: Louise & Heinrich Thombansen mit ihren Kindern Sophie, Conrad, Änne, Jupp,
Heinrich und Mieze.
Unten: Die Geschwister erwachsen: Jupp, Mieze, Änne, Sophie, Heinrich, Conrad (jeweils von
links): Fotos: Sammlung Thombansen*

Oben: Die Schlossstraße 6 im Jahr 1935, jetzt zeitgemäß beflaggt,
auch beim Heereslieferanten Thombansen. Im Dritten Reich ist es nun baulich wieder angesagt,
Fachwerk freizulegen und schmuck zu streichen.
Unten: Louise und Heinrich Thombansen 1927. Familienalben Thombansen

Oben: Gesellenbrief von Heinrich Thombansen. Sammlung Thombansen
Unten links: Conrad, Sophie und Heinrich in klein.
Unten rechts: Conrad, Heinrich und Jupp vor dem Deelentor,
schon größer und echt fein gemacht. Familienalben Thombansen

Oben: Der junge Conrad Thombansen mit Freundeskreis und Fahrrädern.
Unten: Heinrich mit Bulle und zwei Gesellen. Familienalben Thombansen

Im Zweiten Weltkrieg

Es folgt schnell der Zweite Weltkrieg, in dem Neuhaus im Gegensatz zur Paderborner Innenstadt kaum Zerstörungen erleidet. Im Frühjahr 1945 wird der Paderborner Schlachthof in der Nähe des Güterbahnhofs durch amerikanische Bomber zerstört. Jetzt schlachten die Paderborner Metzger bei Thombansen's in Neuhaus, was den Betrieb hier erheblich belastet. Die Nachbarschaft ist wenig amüsiert über den heftigen Lastwagenverkehr und den Lärm der Tiere, zumal immer mal ein Rind oder Schwein ausbüchst und Schutz in den benachbarten Gemüsegärten sucht oder durch die Pader fliehen will. Da protestieren Anwohner heftig.

Doch das bleibt noch Jahre so, bis die Westfleisch 1953 einen neuen Schlachthof in Paderborn eröffnet und später in einen noch moderneren in der Südstadt umzieht, der 2016 in Flammen aufgehen und nicht ersetzt werden wird. Inzwischen wird in Hamm, Lübbeke und Coesfeld geschlachtet.

Sohn Conrad erhält Prokura – mit einer zweijährigen Pause nach dem Krieg, bis er als ehemaliger SS-Angehöriger nach seiner Internierung im Lager Staumühle als unbedenklich eingestuft ist. Ab 1942 ist auch sein Bruder Heinrich Prokurist. Die Firma ist weiterhin Militär- und Kriegslieferant. Die Familiengeschichte sagt, dass deshalb nur je einer der beiden älteren Söhne im Feld ist. Heinrich kämpft als Erster, und zwar im Westfeldzug Holland – Belgien – Frankreich, während der ältere Conrad zunächst frei gestellt ist und die Firma führt.

Ab 1942 gilt das umgekehrt: Jetzt ist Heinrich freigestellt und Firmenchef, und Conrad kämpft in Russland. Beide Brüder überleben den Krieg, auch Bruder Jupp, welch ein Glück!

Die "Schlacht von Paderborn" beendet hier bereits am 3. April 1945 den Krieg. Die Befehle lauten unmissverständlich: Auch Neuhaus soll unter der Führung des Kampfkommandanten Oberstleutnant Darwin bis zum letzten Mann gehalten werden, wozu sich versprengte Soldaten wieder sammeln (müssen), die meisten von ihnen bereits versehrt bzw. sehr jung.

Pfarrer Wittler, als Offizier im Ersten Weltkrieg schwer kriegs–beschädigt und hoch dekoriert, bittet den Kommandanten um kampflose Übergabe des Ortes, wird dafür wegen Sabotage zum Tode verurteilt und soll am Folgetag hingerichtet werden, was dann "Gott sei Dank" nicht mehr geschieht, weil die Amerikaner inzwischen das Sagen haben. Aber drei SS-Männer werden noch am Tag vor der US-Übernahme im Schloss wegen ähnlicher "Vergehen" erschossen.[79] So kurz vor Kriegsende sterben bei diesen Kämpfen um Neuhaus noch 60 Soldaten und zehn Zivilisten. Wie unnötig, selbst in der Denke des Dritten Reiches! Der schwere amerikanische Granatbeschuss beschädigt die Neuhäuser Mühlenwerke, was in der Folge repariert wird.

Die Amerikaner kommen jetzt von Elsen aus in den Ort, als die Familie im Keller vom Quinhagen-Haus sitzt und die Schüsse hört.

---

[79] Friedrich Gerhard Hohmann: Das Ende des Zweiten Weltkrieges im Raum Paderborn. Erweiterte Fassung eines Vortrages vor dem Verein für Geschichte und Altertumskunde Westfalens, Abteilung Paderborn, am 15.1.1980. Seiten 390, 392 und 395

Die mit Heiner hochschwangere Lisa wird als Erste mit weißem Betttuch in den Händen vorgeschickt. Sie stellt sich als mutige Frau den Amerikanern, weil man annimmt, dass ihr in ihren Umständen nichts Schlimmes geschehen wird. So ist es auch.

Das Gleiche erleben die anderen Thombansen's wenige Meter entfernt im Bunker an der Residenzstraße, wie Heiners Großtante Margret Botschen-Thombansen, damals 21 Jahre alt und in Begleitung einer hochschwangeren Cousine, 2015 der Neuen Westfälischen erzählt: "Die aus Afrika stammenden Soldaten waren unglaublich besorgt um die werdende Mutter und ihr dreijähriges blondes Mädchen. Das nahm uns die Angst." Und Angst haben sie zunächst angesichts der afrikanischen Amerikaner allemal, sie alle haben doch noch nie schwarze Gesichter gesehen.[80]

Die im Betrieb anwesenden Männer sind nicht in der Armee und kommen nicht in Gefangenschaft. Sie werden registriert und dürfen arbeiten, aber den Ort nicht verlassen. Die Truppen beschlagnahmen alle Waren in der Fabrik. Nur die Speckseiten in den Kellern unter dem Hof an der Pader bleiben unentdeckt und helfen später über die kommenden schweren Aufbauzeiten. Ab 1946 werden Flüchtlinge aus dem Osten überall in Neuhaus in den wenig zerstörten Häusern einquartiert, wo sie oft viele Jahre bleiben.

Conrad Thombansen versteckt sich aufgrund seiner SS-Vergangenheit auf der Flucht nach Hause bei der Schwiegerfamilie im Sauerland. Er wird dort verraten und im Lager Staumühle interniert.

---

[80]https://www.nw.de/lokal/kreis_paderborn/paderborn/20452589_Ein-Ende-mit-Schrecken.html#

Die Familie versorgt ihn und seine Mitgefangenen mit zusätzlicher Verpflegung, was durch den Zaun geschoben möglich ist.

Schwester Änne ist inzwischen auf dem Hof Johannliemke bei Kaunitz verheiratet, wohin sich zahlreiche Familienmitglieder aus dem massiv bombardierten Paderborn geflüchtet haben, denn die Alliierten haben von Januar bis März 1945 achtzig Prozent der Stadt Paderborn zerstört. Die Verwandtschaft bleibt noch einige Jahre bei Änne in Liemke, woran sich vor allem die Kinder gerne erinnern. In der weitläufigen Landschaft um den großzügigen Hof herum genießen sie viel Freiheit.

Schlossgelände und Kasernen besetzen die Briten und bleiben hier bis 1964. Solange ist dort in der ehemaligen Offiziers-Reitschule der Husaren der Paderborner Reitverein zuhause, wo Heiner und einige Geschwister diesen Sport praktizieren – wie vor dem Krieg schon ihr Vater Heinrich, der als passionierter Reiter in die Reiterstaffel der SA gezogen wird. Jetzt richtet die Gemeinde hier ein Museum und die Realschule ein, bevor auch das neue Gymnasium auf dem Schlossgelände entsteht, auf das in einigen Jahren Heiners Kinder gehen werden.

Illustrationen

Aus dem 2. Halbjahr 1935 stammt der Auszug aus einer Preisliste für Fleischwaren für die Übungstruppen in Sennelager mit kalkulierten Preiserhöhungen (Handschrift). Sammlung Thombansen

Verlobungsfeier Tochter Maria (Mieze) Thombansen mit Paul Rofalsky, Vermessungsass., z.Zt.
Osnabrück am Sonntag, den 29. August 1937. Aufgenommen auf der Diele im elterl. Hause Neu-
haus No. 34. Sammlung Thombansen.

No. 1 Conrad Thombansen jr., hier
" 2 Maria Soreth als Braut von Conr.
" 3 Conrad Thombansen, Onkel
" 4 Mathilde Kemper, als Braut von Billerbeck
" 5 Conrad Broer
" 6 Clara Rofalsky, Lehrerin
" 7 Heinrich Thombansen, als Vater
" 8 Maria Thombansen, als Braut
" 9 Paul Rofalsky, als Bräutigam
" 10 Louise Thombansen, als Braut-Mutter
" 11 Maria Honervogt, Paderborn
" 12 Jos. Honervogt, Paderborn
" 13 Dr. med. Jos. Broer, Mainz
" 14 Dr. med. Gabriele „, „
" 15 Pauline Schleppinghoff, Paderborn
" 16 Casimir Rennekamp, Verm.Ass.

No. 17 Hanns Arnsborst, Königsberg
" 18 Gerta Böhmer Candred, Geseke
" 19 Heinr. Vog, Vermessass, Paderborn
" 20 Heinz Rodolphi, Elsen
" 21 Sophie Thombansen, hier
" 22 Annie Bewermeyer, Paderborn
" 23 Franz Dölger, Witten
" 24 Joseph Thombansen, hier
" 25 Erich Honervogt, Paderborn
" 26 Elisabeth Broer, Geseke
" 27 Joseph Honervogt, Goldacht
" 28 Marta Rofalsky, Rösel
" 29 Carl Dierkes, Paderborn
" 30 Aug. Broer, Geseke
" 31 Toni Thombansen. Nicht sichtbar
Transkribierte Beschriftung der Bild-Rück-
seite

„Ich habe den guten Kampf gekämpft, den Lauf vollendet, den Glauben bewahrt."

Gedenke

im Gebete der Seelenruhe des

Fleischwarenfabrikanten

Heinrich Thombansen

der zu Neuhaus am 18. Februar 1880 geboren wurde u. dortselbst am 6. April 1941 verschied.

Der liebe Verstorbene ging in die ewige Heimat ein nach einem Leben getreuester Pflichterfüllung und liebevoller Fürsorge für seine Familie. In gemeinsamer, 33 Jahre lang währender Zusammenarbeit mit seiner Gattin stand er seinem Geschäft vor, unermüdlich, für seine Person anspruchslos, jedoch hilfsbereit für jedermann. Er hatte wohl keinen Feind. Seinen 6 Kindern war er unvergeßliches Vorbild in Liebe, Arbeit und Gebet. Als Bückeburger Jäger nahm er am Weltkriege teil und erwarb im Dt. Alpenkorps das Eiserne Kreuz II. Klasse. Nun schied er von uns, unerwartet, aber wohl bereit. Herr, gib ihm nun den Frieden der Ewigkeit.

Vater im Himmel, erbarme Dich der Seele Deines getreuen Dieners H e i n r i c h und nimm sie, geläutert von Erdenmakeln, zu Dir in Dein Reich und Deine ewige Anschauung. R. I. P. Amen.

Anton Weiss, Paderborn

Oben: Heinrich erholt sich nicht wieder von seinen laufenden Beschwerden und stirbt 1941 im Laufe des Zweiten Weltkrieges. Nachruf.
Unten: Wehrpass Heinrich Thombansen, er wird 1942 beurlaubt. Sammlung Thombansen

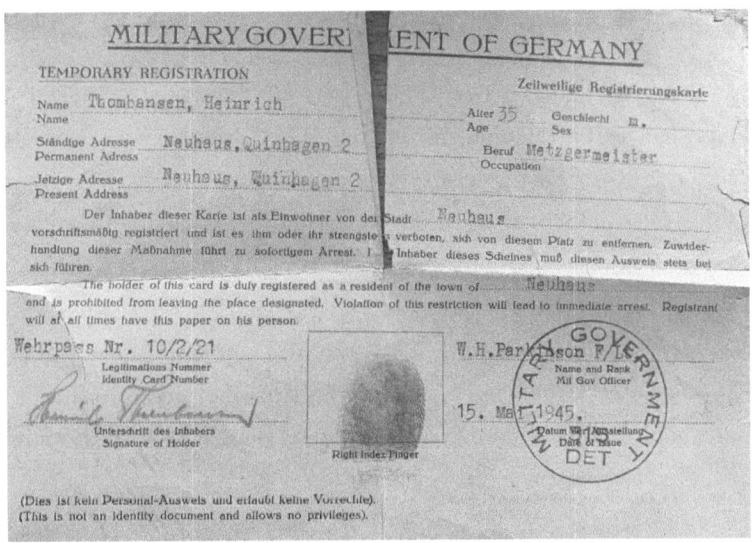

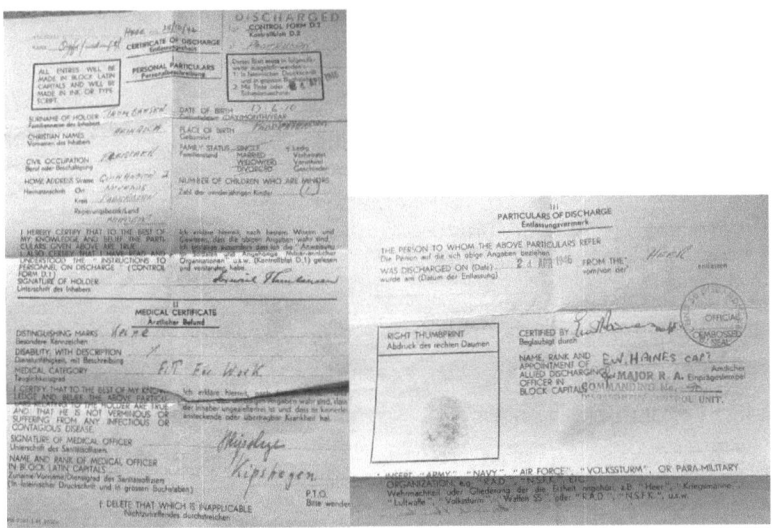

Oben: Registrierungskarte von Heinrich Thombansen nach Kriegsende im Mai 1945.
Es ist "strengstens verboten, sich von diesem Ort zu entfernen:"
Unten: Entlassungspapiere für Heinrich Thombansen aus dem Militär im April 1946.
Sammlung Thombansen

Nach dem Zweiten Weltkrieg

In der Wiederaufbauzeit der 1950er und 1960er Jahre genießen die Fachwerkhäuser bei Neuhäusern wenig Wertschätzung, so dass viele abgerissen werden und modernen Bauten weichen müssen. 2023 stehen, so Michael Pavlicic, noch rund 40 Häuser im historischen Ortskern unter Denkmalschutz – darunter die Fassade von Schlossstr. 8, heute im Besitz von Heiner Thombansen, sowie das Haus Schlossstraße 6. Es gehört inzwischen der Familie von Conrad Thombansen's Enkel Michael Gramlich (Barbara's ältestem Sohn, siehe Seite 174). Laut Ortsheimatpfleger Pavlicic sind etwa 50 weitere Bauten historisch interessant.[81]

Als Louise 1950 stirbt, verzeichnet das Handelsregister den Firmenübergang "im Wege des Erbgangs an die jetzigen Inhaber" Conrad Thombansen (1909 – 1985), Schlossstr. 6, und seinen Bruder Heinrich (1910 – 1993), Quinhagen 2. Dieses Haus wird hier zum ersten Mal erwähnt. Es ist 1938 als gemischtes Wohn- und Wirtschaftsgebäude im Anschluss an die Produktionsstätte jenseits des großen Hofes entstanden, vorne als Wohnhaus, hinten gewerblich genutzt mit Ställen, Lagerräumen und Warenversand (Genehmigung siehe Seite 101).

Hier lebt Heinrich ab 1944 mit seiner Frau Elisabeth Balbina Montag aus Niederntudorf (1919 – 2010), genannt Lisa. Die beiden werden fünf Kinder bekommen: Heinrich (besagter Heiner), Marianne, Ursula, Monika (Mona) und Conrad.

---

[81] Pavlicic, Michael; Krieger, Katja, a.a.O., S. 13

Das ist Heiners Elternhaus, in dem er mit seinen Geschwistern aufwächst und zum Zeitpunkt dieser Publikation mit seiner Frau Ulla lebt.

Die Familie von "Onkel Conrad" lebt an der Schlossstraße „vorne", wie es in der Familie heißt, mit Ehefrau Maria (1915 – 1995), geb. Soreth aus Rehsiepen im Sauerland, und den Töchtern Barbara (1942 – 2022), Marie-Louise (1945 – 2007), die behindert ist und früh in den Bethelschen Anstalten zur Pflege unterkommt, sowie Sohn Eberhard (*1957). Mutter Louise hat ihrem Sohn noch 1947 das Gartengrundstück am Almedeich als „persönliches Eigentum" vermacht.

Nun geht es mit der Firma unter der Ägide der beiden Brüder Conrad & Heinrich weiter. Conrad führt insbesondere die Produktion sowie die Vermarktung der produzierten Fleisch- und Wurstwaren an die großen deutschen Handelsketten, während Heinrich vor allem den Vieheinkauf und mit dem Prokuristen Franz Mertens alles Kaufmännische verantwortet. Betriebsleiter ist Albert Broer, der mit Frau und beiden Söhnen nach dem Krieg zunächst im Quinhagen 2 unterkommt und später im Quinhagen bauen und leben wird.

Conrad gilt als anerkannter Experte in Fleischerhandwerk und Fleischwarenindustrie. Auf ihn gehen technische Entwicklungen zurück, z.B. die „Wenderäuche". Ihr Prinzip: Die Gestelle, in denen die Würstchen reihenweise hängen, werden in den Räucherkammern so in Gestänge eingeklinkt, dass sie sich wie in einem Riesenrad drehen. So umweht die rauchig-warme Luft die Ware gleichmäßig und sorgt für ihre goldgelb ebenmäßige Färbung. Ja, darauf ist man stolz, denn „Neuhäuser Würstchen" sind die Hauptprodukte in diesen Jahren: Knacker, Bockwurst, Wiener, Eigenhautwürstchen in Dosen und inzwischen auch in Gläsern.

In ihnen kommen die Würstchen für Konsumenten richtig zur Geltung, was zunächst neu und heute gang und gäbe ist. All das wird bundesweit vertrieben, samt Wurst- und Eisbeinkonserven aller Art.

Eine Kindheitserinnerung aus Heiners Generation: Vater Heinrich und sein Bruder Conrad beaufsichtigen im wöchentlichen Wechsel abends das Fabrikgelände mit Blick aus ihren Wohnhäusern, jeder von seiner Seite. Dafür geht Heinrich auf seinen Küchenbalkon, schaut prüfend über den Hof und stellt immer wieder fest: „Ganz oben brennt noch Licht!" Jetzt schickt er entweder eins der Kinder hoch, um die einsame Funzel zu löschen, oder er macht sich selbst auf den Weg. Als Conrad einmal Dienst hat, ruft Heinrich ihn an und bittet ihn, das Licht zu lö– schen. Doch der wehrt ab: „Lieber Heini, in meinem Alter gehe ich nicht mehr zu Fuß in den fünften Stock, sondern benutze den Fahrstuhl. Und der kostet mehr Strom als eine einzelne Birne!" Fall erledigt.

Die Stammfleischerei in der Schlossstraße und die in den 1960er Jahren hinzugekommene moderne und größere „Filiale" am Hatzfelder Platz sind gut gehende Fleischerfachgeschäfte unter der Leitung der beiden Ehefrauen Maria und Lisa. Am Wochenende stehen auch die Metzgermeister Albert Broer und Heinrich Thombansen in blütenreiner und makellos gebügelter Metzgerkleidung „am Klotz" und verkaufen humorvoll Sonntagsbraten, Koteletts und Schnitzel, während die Damen mit ihren Verkäuferinnen die Wurstspezialitäten an die Hausfrauen bringen.

Auch die Töchter bessern ihr Taschengeld in Verkauf, Kassieren und vor allem beim Feierabend-Putzen im Laden auf. In der Filiale gibt es schon den ersten integrierten Metzger-Imbiss, der mittags Benteler-Mitarbeiter und andere Hungrige mit frisch gekochten, schmackhaften Eintöpfen, Würsten, Frikadellen und Schnitzeln versorgt.

Die beiden Fahrer der Firma fahren zweimal wöchentlich mit gut gefüllten Siebeneinhalb-Tonnern zu den Kunden im 120-Kilometer-Umkreis, vor allem zu Einzelhändlern und Wirten in Dortmund, Schwerte und Essen im Ruhrgebiet. Zwischendurch geht es in die Nachbarschaft samt britischem Militär in den besetzten Kasernen. Großauslieferungen werden auf dem Hof an Speditionen verladen.

Die Firma läuft in diesen Wirtschaftswunder-Jahren echt vielversprechend, und man entscheidet sich für Investitionen. Conrad & Heinrich verkaufen dafür Grundstücke weiter hinten am Quinhagen entlang, wo jetzt Einfamilienhäuser entstehen. Hier ziehen Familien mit Kindern ein, mit denen der eigene Nachwuchs aufwächst und dauerhaft Freundschaften schließt.

Im Betrieb werden mit dem Erlös aus dem Bauland Umbauten realisiert, neue Maschinen angeschafft, Abläufe rationalisiert und Produktionszahlen beständig erhöht. Das alles geschieht in diesen Aufbaujahren nicht nur hier, sondern auch in den Fleischwarenfabriken im westlichen Westfalen rund um Versmold und auch im Lippischen, ja, auch in den Niederlanden, deren Firmen fit sind, was die Konkurrenz spürbar erhöht und Preise drückt. Wieder leben in Neuhaus zwei Familien vom Metz– gern – eine echte Herausforderung, die leider das Kapital angreift und immer wieder Finanzspritzen aus Landverkauf erfordert.

Starke Thombansen-Frauen

Frauen spielen in Handwerker-Haushalten seit jeher eine maßgebliche Rolle. Ohne sie geht wenig voran und sie sorgen vor allem für nachhaltigen Bestand. Das ist in der Thombansen-Familie nicht anders.

Bei den vielen Kindern, die sie zu ihren Zeiten bekommen, und dem damaligen Stand der Medizin ist ihnen nicht immer ein langes Leben vergönnt – schon Barbara, geb. Papencordt, stirbt früh. Doch bereits Elisabeth Maria Margaretha, geb. Brechmann, die Frau von Joannes Bernardus Thombansen, überlebt ihren in so jungen Jahren verstorbenen Mann um 35 Jahre und führt die Metzgerei weiter, bis sie der Sohn Joseph und seine Frau Catharina Franziska, geb. Gockel, übernehmen. Diese überstehen die Zeit der Säkularisierung und der französischen Besetzung mit dem Verlust des 'Hofmetzger-Status' wirtschaftlich offensichtlich gut, trotz der allseits drückenden Hunger- und Aufbaujahre. Als ihr Sohn Conrad Joseph Haus und Betrieb in der kommenden Generation verkauft, bildet der Erlös sein Eigenkapital für den Ankauf vom Stammhaus in der Schlossstraße.

Seine Frau Anna, geb. Diekmann, ist eine herausragende Persönlichkeit. Sie schenkt nicht nur 16 Kindern das Leben, von denen sie 14 großziehen und versorgen kann. Sie leitet, nachdem ihr Mann mit nur 51 Jahren stirbt, weitere 17 Jahre lang aktiv das Geschäft, wovon viele Dokumente zeugen. Während der Industrialisierung steuert sie den Betrieb in eine neue Ära als Fleischwarenfabrik und führt zwei Söhne in die Firmenführung ein. Mit ihrem Tod ist das Unternehmen so wohlhabend, dass es die Teilung in die Fleischwarenfabrik für Heinrich und den Viehhandel für Conrad locker verkraftet. Auch die Töchter sind mit Bildung und Kindestheilen oder Entgelt für ihre Arbeit in Firma oder Haushalt versorgt, allein vier von ihnen werden als Nonnen ausgesteuert und können in ihren Klöstern Berufe erlernen und ausüben.

Heinrich's Frau Louise, geb. Broer, stammt selbst aus dem Fleischwarenumfeld in Geseke.

Sie zieht sechs Kinder groß, die alle ihren Weg machen. Zeitzeugen beschreiben sie als kompetent und energisch in Familie und Firma auftretend – und das über zwei Weltkriege hinweg. Nach Heinrich's Tod führt sie "den Laden" aus dem zweiten Weltkrieg heraus mit den Söhnen Conrad bzw. Heinrich.

Auch Schwiegertochter Lisa, geb. Montag, stammt aus dem Metzgerhandwerk, diesmal aus Niederntudorf. Nach dem Abitur arbeitet sie zunächst bei Onkel Josef, später bei Bruder Alois, im Geschäft Feinkost Montag in Paderborn. Nach der Hochzeit führt sie den großen Haushalt im Quinhagen und zieht fünf Kinder groß, die sie alle in sogar akademischer Bildung unterstützt. Wie ihre Schwägerin Maria leitet sie eins der Fleischerfachgeschäfte in Schloss Neuhaus, selbst über die Schließung der Thombansen-Produktion hinaus.

Ja, und Ulla, die Autorin? Ihr wird bescheinigt, dass auch sie ein Familienmensch sei und ihren Mann tatkräftig unterstütze, die Thombansen-Immobilie im Quinhagenhof zu sanieren und sie weiterhin attraktiv zu pflegen.

Soweit die Historie. An Vieles, was jetzt folgt, erinnern sich Heiner, seine Geschwister, die Anverwandten und Freunde noch persönlich und steuern laufend Erzählungen bei. Ein neuer Part.

Illustrationen

Oben: Schenkungsurkunde von Louise an Konrad Thombansen über ihren Garten, wo später seine Tochter Barbara bauen und mit ihrer Familie leben wird. Konrad wird hier mal wieder mit „K" geschrieben. Sammlung Thombansen
Unten Schlossstraße mit Häusern Nr. 8 bis 2, Oktober 1970, vor der Sanierung der Schlossstraße 8 im Jahr 1972. Ganz hinten sieht man die Schlosstürme.
Foto: Stadt- und Kreisarchiv Paderborn S – M4, Bildnr. 3404

Diese Anlage ist zusammen mit der Mietnachweisung ausgefüllt bis
spätestens _____ 193. an das Finanzamt, in dessen
Bezirk das Grundstück belegen ist, abzugeben.

Betrifft: Das bebaute Grundstück: ...Neuhaus, Quinhagen...... Straße/Platz Nr. 2

Des Grundstücks { katastermäßige Bezeichnung: Flur 5 ____ Parz 99 und 100

Grundbuchbezeichnung:

1. **Eigentümer** dieses Grundstücks ist (sind):

Name (Familien- und Vorname, Firma, bei offenen Handelsgesellschaften und Kommanditgesellschaften auch Unterschrift der Teilhaber)	Beruf	Anschrift (Ort, Straße und Hausnummer)	Anteil am Grundstück (z.B. 1/1, 1/2 u. dgl.)
Heinr.Thombansen	Metzgermstr.	Neuhaus,Quinhagen Nr2	1/1

2. **Art** des Grundstücks: Gemischtgenutztes Grundstück(geschäftsgrundstück und Wohnung des Eigentümers.
(z.B. Mietwohngrundstück, Einfamilienhaus, Gabelgrundstück, Verwaltungsgebäude, Werkwohnhaus, Mietgebäude, Sonderhaus)

3. **Gebäudebestand** am 1. Januar 1940:
(z.B. Vorderhaus mit Seitenflügel, Quergebäude, Schuppen, Stall, Garage, auch soweit noch im Bau begriffen)

4. **In** (welchem)m (Jahr)en ist (sind) das (die) am 1. Januar 1940 vorhandene(n) Gebäude auf dem Grundstück errichtet worden,

[Baujahr(e)]? ...1938 und 1939....
(z.B. Vorderhaus 1890, Hinterhaus 1900, Garage 1928)

5. a) **Wie** ist (sind) das (die) am 1. Januar 1940 vorhandene(n) Gebäude ausgeführt worden?

Baubeschreibung: Verputzter Ziegelbau,Satteldach mit Hohlziegeleindeckung
unterwärts verstrichen.Decke über dem Keller u.Teil der Wohnung masv
Fußböden: Flur im Treppenhaus,Waschraum, Baderaum u. Teil der Küche
Fußbodenplatten, sonst Tannenholzfußboden. Wandfliesen: im Wasch-
u.Baderaum sowie Küche. Elektr.Licht in allen Räumen,Ställen, Gara-
gen, Keller,Aborte im Erd-u.Obergeschoss sowie Bodenraum.
(z.B. verputzter Ziegelbau oder Ziegelbau mit Verblendern, Stahlskelettbau, Fachwerkbau, Holzbau. Dachdeckung: Ziegel- oder Schiefer- oder Pappdach. Fußbodenbelag der Fußböden über einzelner Räume (oder Küche, Diele, Bad)- und Baderäume). Fußboden: massiv; im Keller, in der Küche, den Wasch- und Baderäumen; Fliesen- oder Plattenbelag: im Flur, in der Diele, der Küche; Stab- oder Parkettfußboden: in 4 Zimmern, Linoleumbelag: im Treppenhaus, Flur, in der Diele, Küche, in 3 Zimmern. Heizleitung in 1 Zimmer. Elektrisches Licht: im Treppenhaus, in allen Wohnungen, den Werkstätten. Gasanschluß: im Treppenhaus, in den Wohnungen. Wasserleitungsanschluß: in den Wohnungen. Kanalisation anschluß vorhanden. Aborte: in den Wohnungen oder auf der Treppe, auf dem Hof.

b) **Sind besondere Einrichtungen** vorhanden?

Waschvorrichtungen für die Angestellten des Betriebsinhabers.Warm-
heizung in der Wohnung u. in den Schlaf-u.Aufenthaltsräumen der
Angestellten.
(z.B. Personen- oder Lastenaufzug, Hausschwemme, Wohnungssammelheizung, Warmwasserversorgung)

c) **Wie hoch** waren die für den 1. Januar 193... vorhandene(n) Gebäude bis zum 1. Januar 193... aufgewendeten Baukosten ausschließlich der laufenden Unterhaltungskosten? (Die Baukosten für etwaige Veränderungen dieser Gebäude [siehe Ziff. 6a bis d] sind mit anzugeben. Die Vorkriegsbaukosten sowie die vor und die nach dem 1. Juli 1918 aufgewendeten Kosten sind, soweit sie bekannt sind, gesondert anzugeben.

d) **Sind Verbesserungen** oder größere Zustandsetzungen in den letzten 4 Jahren vorgenommen? Neubau.
(z.B. Anschluß an die elektrische Lichtleitung, die Fernheizleitung, Einbau einer Hausschwemmheizung, Einbau von Wohnungssammelheizungen, Erneuerung des Putzes, Anstrich des Hauses, Erneuerung der Bedachung, der Abflußrinnen, der Rohrleitungen (Wasserrohre, Kanalisationsrohre)

Wenn ja: In welchem - n Jahr(en)? _____

Wie hoch waren die Kosten? _____

Hausbescheid zum Bau der Hauses Quinhagen 2. Sammlung Thombansen

Die Thombansen-Produkte. Foto: Roald Gramlich

Teil 2:
Heiner Thombansen in der Gegenwart

Aufwachsen in der Familie

Im Quinhagen 2 wohnt Heiner mit Vater Heinrich, Mutter Lisa und seinen vier Geschwistern. Dazu gehören immer zwei Hausmädchen für den großen Haushalt, der mittags mit der langjährigen Köchin Frau Hasse auch die Belegschaft in zwei "Gefolgschaftsräumen" verpflegt und der Familie das Mittagessen im Esszimmer serviert. Dafür kann Lisa mit einer Klingel unter der Deckenlampe den jeweils nächsten Gang aus der Küche abrufen.

Tochter Ursula, erinnert sich: "Wir fünf Thombansen-Kinder waren eine harmonische Gemeinschaft. Im Alter gelingt es uns nach dem Tod der Mutter, gemeinsam eine fünftägige Reise nach St. Petersburg zu machen und so das letzte Geld aus der Sterbeversicherung auszugeben." Auch zu Bruder Conrads 60. Geburtstag geht es 2016 wieder gemeinsam los, diesmal nach Sambia, wo er zu der Zeit lebt und arbeitet.

Als Conrad sechzig Jahre zuvor geboren wird, sind seine Geschwister bei einer Tante im Sauerland einquartiert und "können nach Herzenslust Ski fahren", wobei sie der Anruf unterbricht, dass sie einen Bruder haben. Der damals elfjährige Heiner empört sich über diese unzumutbare Störung seiner Schussfahrten!

Die Familie ist praktizierend katholisch. Tischgebete und sonntägliche Messebesuche sind selbstverständlich, sogar die Nachmittagsandachten um 14:30 Uhr, was mit der Kinderstunde im Radio kollidiert.

Heiners Schwester Ursula weiß noch, wie sie einmal noch um 14:20 Uhr in der Küche vor dem Radio ihrer Lieblingssendung lauscht, als Vater Heinrich seinen obligatorischen Mittagsschlaf unterbricht, in die Küche stürmt und sie schimpfend in die Kirche scheucht. "Ungerecht! Er schläft und ich muss in die Messe! Das mache ich bei meinen Kindern anders!" Wird sie auch.

Die Pflicht zum Kirchgang gilt auch für die Wochenenden, an denen die Geschwister mit dem Sonderzug nach Winterberg zum Skilaufen fahren und natürlich versprechen, dort die Messe zu besuchen. Die Predigt und das vorgetragene Evangelium werden später zuhause abgefragt, da denkt man sich auf den Zugfahrten wohl etwas aus, spricht sich vorsorglich ab und zieht so den Kopf aus der Schlinge.

Die religiöse Ernsthaftigkeit nimmt denn auch beim Jüngsten, Conrad, mit etwa 14 Jahren nach vierjährigem Dienst als Minestrant rapide ab. Also verlassen seine Kumpels und er das Hochamt still und leise, treffen sich in der Kneipe am Kirchplatz und zocken mit Leidenschaft Viertelpfennig- und Pfennig-Skat. Conrad kann dabei all das in lukrative Gewinne umsetzen, was er während der Schulwoche am Reismann-Gymnasium von den Mitschülern aus Neuenbeken an "Trickspiel" erlernt hat. Das geht nicht mit rechten Dingen zu. Einmal läuft ihm der Vater vor dem Gasthaus über den Weg, lässt sich aber nichts anmerken. Ist er wohl eher verlegen, dass der Sohn auch ihn beim Kirche-Schwänzen erwischt? Auch dieser Fall ist erledigt.

Die Schwestern sehen rückblickend, dass es Conrad als Nachzügler im Elternhaus schwerer hat als sie, denn die Älteren sind aus dem Haus oder beruflich engagiert, und er ist ein eher unruhiger Geist. Sein Verhältnis zu den Eltern gestaltet sich denn auch oft problematisch.

Ein von ihm durchgesetzter Wechsel der Lehrstelle – vor seinem Studium lernt er Tischler – und sein ernsthafter Wille zur Kriegsdienstverweigerung münden in schwere Auseinandersetzungen der beiden Generationen.

Wie zu der Zeit in vielen Familien üblich, zeigt Vater Heinrich einige autoritäre Züge, erinnert sich Schwester Marianne. "Bei einem Abendessen habe ich gerade etwas aus der Küche geholt, da wollte er noch Senf haben. Meine Antwort, das hättest Du mir auch eben sagen können, wurde mit einer, wenn auch leichten, Ohrfeige beantwortet." Heini's – wie seine Frau ihn nennt –, also Heini's Liebe gilt neben seiner Familie seinen Traber-Pferden, die er züchtet. Wenn man ihn sucht, ist er auf der Weide, um nach seinen Tieren zu sehen.

Das Schützen-Motto "Glaube, Sitte, Heimat" hat Heinrich voll verinnerlicht. Umso unglücklicher ist er, als sich Enkel Christian später der Erstkommunion verweigert – und das konsequent, ohne darüber diskutieren zu wollen. Der Neunjährige setzt sich durch, was in der Vorgeneration kaum möglich gewesen wäre. Enkelin Julia spielt da vier Jahre besser mit und wird sogar einige Jahre Messdienerin.

Doch zurück zur Kindheit von Heiner und seinen Geschwistern: Die jüngste der drei Schwestern, Mona, erinnert sich an Restaurantbesuche: "Wenn die Eltern manchmal mit uns am Sonntagabend oder bei Ausflügen im Gasthaus einkehrten, waren wir als gut erzogene Kinder angehalten, die Gerichte so zu wählen, dass die Kosten unserer Wahl nicht über dem Preis von Vaters Gerichts lag. Der nahm gerne seinen geliebten Heringstopf, und der war preiswert.

Irgendwann hatten wir Kinder das Spiel satt, holten uns den Segen unserer Mutter und bestellten die teuersten Gerichte auf der Karte. Vater schmunzelte und zahlte, ohne ein Wort zu verlieren." Ja, das ist der Vater, der beim gemeinsamen Frühstück auffordert: "Kinder, esst Wurst! Brot müssen wir kaufen!"

Sonntags gibt es Ausflüge nach Liemke zu Vaters Schwester Änne oder zu Mutters Verwandtschaft nach Niederntudorf, wo die Geschwister mit Begeisterung mit den zahlreichen Cousins und Cousinen spielen, am liebsten draußen. Aktuell treffen sie sich in den 2020er Jahren immer noch regelmäßig.

Mutter Lisa kann damals bei den Schützen als langjährige Zeremonienmeisterin ihr Talent zum Repräsentieren ausleben. Für die Kinder – vor allem die Töchter – ist es jedes Mal ein Erlebnis, wenn sich die aktuelle Königin und die Prinzessinnen am Sonntag und Montag vor der Schützen-Auffahrt unten im Salon im Quinhagen-Haus sammeln und hier ganz frisch ihren prächtigen Festauftritt zeigen. Auch die Autorin hat das genießen dürfen.

Eine eiserne Regel, typisch für die Nachkriegszeit, gilt auch im Hause Thombansen: "Es wird gegessen, was auf den Tisch kommt!" Freitags, am traditionellen katholischen Fastentag, ist das Fisch, und zwar der vom Vater so geliebte Matjes. Den hasst vor allem Conrad: Da dreht sich ihm der Magen um! Als er etwa 13 Jahre alt ist, schaltet Mutter Lisa auf das allseits beliebte Hühnerfricassee mit Reis um, für Vater allerdings mit Kartoffeln. Reiskörner, diese neumodische Beilage, akzeptiert er nun gar nicht, später gilt diese Abneigung noch lange für Nudeln.

Was der renitente Sohn Conrad nun so kommentiert: "Ja, ja, es wird gegessen, was auf den Tisch kommt!" Dieser Spruch ist erst mal erledigt, er wird aber abgewandelt noch Jahre später bei den Enkeln zum Tragen kommen: Allerdings lediglich versuchsweise und völlig erfolglos: "Erst aufessen, vorher gibt es keinen Nachtisch." Die Enkel bekommen ihren Nachtisch trotz Resten auf dem Speisenteller. Zeitenwandel auch in der Benimm-Erziehung.

Im Alter von etwa zehn Jahren fängt Heiner mit dem Fußballspielen an. Als der damalige Trainer und örtliche Polizeimeister beim Vater ordentliche Fußballschuhe einfordert, sperrt der sich: "Die kriegt er nicht." Warum denn das nicht? Er hat sich wohl selbst als junger Spieler verletzt und will das seinem Sohn ersparen. Zudem ist Fußball in diesen Jahren wenig gesellschaftsfähig. Auch das wird sich ändern: Die Enkel kicken alle. Für Heiner geht es dafür seinerzeit ins neue Wald-Schwimmbad an der Hermann-Löns-Straße. Als Leistungsschwimmer trainiert er im Sommer täglich, was sich lohnt: Einmal erringt er den zweiten Platz über "100 Meter Brust" bei den ostwestfälischen Meisterschaften für "Vereine ohne Winterbad". Sport ist auch der Mutter wichtig: So kommt eine Frau regelmäßig ins Haus und macht Gymnastik mit den Kindern.

Gereist ist die Familie gerne, vor allem zum Skifahren in Oberstdorf und später in Bad Hofgastein, was Vater Heinrich bis in sein hohes Alter beibehält und jedes Frühjahr seine Auszeit nimmt. Skifahren kann man damals auch im Sauerland und auf dem Bauerkamp in der Egge. Da lag Schnee! Noch heute inspiziert Heiner im Winter die grauen schneefreien Hänge, die er in jungen Jahren hinunter gebrettert ist und wo inzwischen der alte Skilift verrottet.

Im Sommer geht es in Jugend-Camps in der Umgebung. Und auch mal nach Juist mit anderen Teilen der weitläufigen Familie. Außerdem müssen die Kinder, vor allem Heiner, auf der Weide helfen, hier Heu machen, Zäune flicken, Tiere füttern und bei Wärme täglich mit der Handpumpe Wasser für Pferde und Rinder auffüllen. Heiner meint dazu schmunzelnd: "Daher stammt mein Six-Pack-Bauch!" Den pflegt er noch heute zweimal in der Woche in der "Fitti-Bude"!

Gerne erinnern sich die Geschwister – und ab ca. 1970 auch die Autorin – an die Namenstags- und Geburtstagsfeiern in der Familie, zu der die Großfamilie zusammenkommt, ungeheuer viel lacht sowie vorzüglich speist und trinkt! Welch gesellige Runden! Welch ein Spaß an gutem Essen! Berühmt sind Mutters Hochzeitssuppe, die Flitterwochen-Soße mit gekochtem Ochsenfleisch wie auch die Zitronencreme mit Makronen zum Nachtisch.

Ja, das ist typisch Thombansen: Die zahlreichen Verwandten, auch in den Generationen davor und danach, haben Freude daran, sich zu sehen, sich auszutauschen und zusammen zu feiern. Inzwischen treffen sich die Nachkommen von Conrad und Heinrich jährlich seit mittlerweile mehr als zwanzig Jahren zu einem mehrtägigen Familienfest. Das geschieht klugerweise immer an einem anderen Wohnort der Mitglieder ihrer Sippe, die sich räumlich verteilt hat. Auch das ist Zeitgeist. So zeigen die jeweiligen Gastgeber den anderen Ort & Region, wo sie aktuell leben. Ob Paderborn, Berlin, Bonn, Stuttgart, München, Sauerland, Mecklenburg oder Dresden: Wer kann, reist mit Mann und Maus dahin, und selten sind das weniger als 25 Personen.

Alle Geschwister haben unterschiedliche Lebenswege beschritten. Marianne heiratet ihren Jugendfreund Rudolf Sprenkamp aus dem Quinhagen, wird Kinderärztin in Paderborn und lebt in Schloss Neuhaus.

Ursula geht mit ihrem Polizisten Karl-Heinz Fiehl (genannt "Charles") in ihrem Beruf als Lehrerin in Höxter auf. Mona macht sich als Diplom-Volkswirtin in Berlin als Hausverwalterin selbstständig, wo sie mit Partner Rüdiger als geliebte Tante und Top-Gastgeberin auch die Youngster der Familie immer wieder gerne bewirtet und reichlich beschenkt.

Und Conrad hat seine Passion als Diplom-Ingenieur für Wasserbau in der Entwicklungszusammenarbeit gefunden und ist mit seiner jeweiligen Lebensabschnittsgefährtin in Afrika unterwegs, wo ihn die Geschwister gerne besuchen oder ihn in seinen Heimaturlauben bei sich beherbergen. Er bringt seinen in Frankreich und Afrika lebenden Kindern engagiert die deutsche Familie näher.

Alle Geschwister zeichnen sich dadurch aus, dass sie Pläne realisiert haben und sich immer noch neue Ziele setzen. Sie haben ein gutes Verhältnis zueinander und sind – so Marianne im O-Ton – "gute Gastgeber, wo auch immer ein gutes Stück Fleisch in bester Qualität und Zubereitung auf den Tisch kommt." Auch wenn das zeitgemäß nicht mehr tagtäglich und so üppig wie früher der Fall ist! Selbst in dieser Fleischfamilie haben sich flexitarische Essgewohnheiten eingeschlichen.

Doch zu diesem Zeitpunkt der Story sind sie alle noch Kinder und Jugendliche. Heiner ist Gymnasiast und geht "auf's Reismann" in Paderborn, anfangs noch mit der Straßenbahn, danach mit dem Fahrrad.

Nach dem Abitur folgt sein Militärdienst beim Panzerbattaillon 213 in Augustdorf. Damals sind noch 18 Monate fällig, und da fährt er noch alte US-Panzer durch die Senne. Mit einer zusätzlichen Ausbildung zur Offizierslaufbahn wird er als Fähnrich der Reserve entlassen. Da er es nicht weit zum Dienstort hat, ist er häufig Heimschläfer und entgeht so manchem NATO-Probealarm, die nachts stattfinden. Frühmorgens brettert er dann mit seinem Militär-grauen Opel Kadett durch die Senne zurück zum Dienst. Am Entlassungstag, dem 15. Juni 1965, baut sich in Neu–haus die große Flut auf, die auch die Firma unter Wasser setzt und später rund um Paderborn zum Bau von Auffangbecken führt, die bisher erfolgreich weitere Katastrophen auffangen.

Heiner und sein Vater retten noch die Speckseiten aus den schon aus dem Kriegsende bekannten Salzkellern an der Pader. Dabei muss der Sohn den Vater in letzter Minute mit viel Kraftanstrengung durch ein Bodenloch nach oben auf den Hof schieben, weil der etwas niedriger liegende Hauptzugang zum Speckkeller schon unter Wasser steht. Der mit seinen Freunden angestrebte Spanien-Urlaub startet denn auch erst verspätet, weil der Kadett vorher auf seine Inspektion in der Werkstatt warten muss, die erst mal geflutet ist.

Die Schwestern erzählen in der Rückschau: "Unser Bruder hatte eine dominante Stellung im Kreis der Geschwister." Er war wohl der unangefochtene Kronprinz, da spricht schon die raumgreifende Körpersprache auf Bildern Bände. Doch sie nehmen ihn auch auf den Arm: Marianne erinnert sich, wie er mit Fahrrad und Brille Runden über den Hof dreht und die Schwestern ihn vom Küchenbalkon aus als "Brillenkaspar" veralbern. Doch später am Abend hört er mit ihr die Schlagerparade auf BBC – "Toll"!

Illustrationen

*Gefolgschaftsraum im Quinhagen, der vordere Raum ist für das Mittagessen der drei bis vier
Meister sowie der Gesellen, direkt dahinter ist die große Wirtschaftsküche (Türe links),
in der Mutter Lisa, die Köchin Frau Hasse und die beiden Hausmädchen täglich wirken.
Im zweiten schlichteren Raum rechts von hier isst die übrige Belegschaft. Insgesamt sind das in
den Nachkriegsjahren ca. 50, später bis zu 80 Personen. Foto: Familienalben*

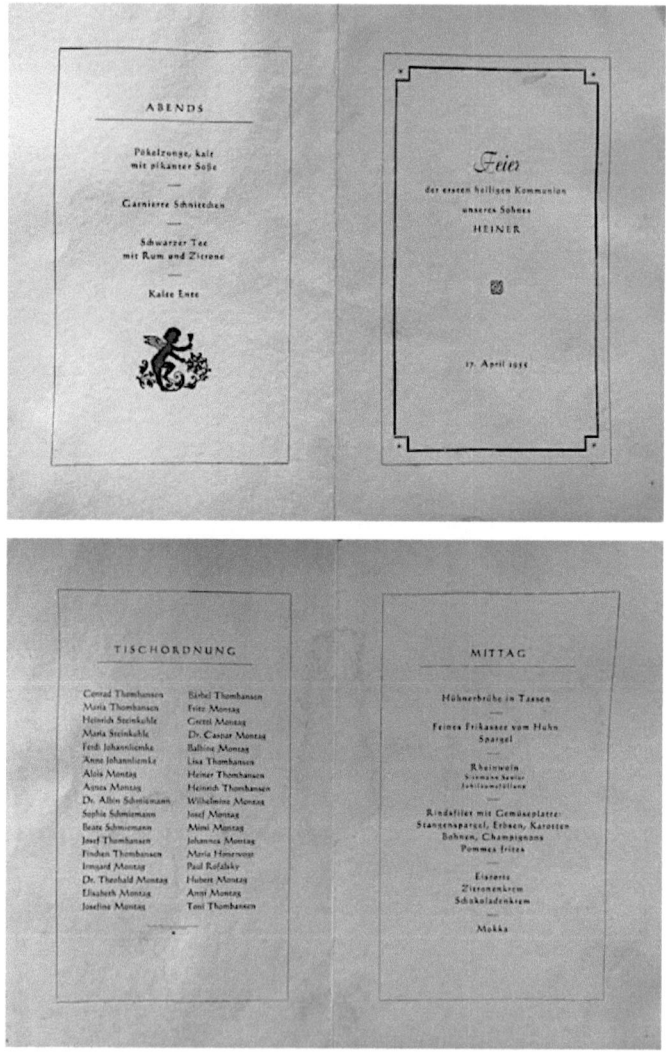

Speisekarte und Gästeliste bei Heiners Erstkommunion 1955. Da wird am Weißen Sonntag ordentlich für den Erstgeborenen aufgetischt! Sammlung Thombansen

Oben: Der Sportler Heiner bei der Leichtathletik. Er ist ein guter Kurzstreckenläufer.
Unten: Hausmusik-Idylle: Mutter Lisa am Klavier mit Ursula, Monika vorne und
Marianne hinten mit Blockflöten. Links Heiner mit Conrad,
der mit seinen hell-blonden Haaren "Thombansen's Witte" genannt wird.
Die festliche Kleidung spricht für Weihnachten, ca. 1958. Fotos: Familienalben

Heiner, der Student

Als Vorbereitung auf sein Wirtschafts-Studium macht Heiner ein sechsmonatiges Praktikum bei der Volksbank Paderborn. Danach geht es an die Universitäten von Münster und Freiburg, wo er 1971 erfolgreich sein Diplom als Volkswirt erhält.

In seinem vierten Semester lernt Heiner die Ulla im selben Studiengang kennen. Die Düsseldorferin Ursula Trippe stammt aus einer Unternehmerfamilie, in der sich industriegeprägt alles um Eisen und Stahl sowie um den gepflegt-modischen Auftritt dreht. Düsseldorf-typisch.

Sie kommt also aus einer ganz anderen Kultur als die Neuhäuser Familie. Und sie ist Rheinländerin statt Westfälin. Und auch noch protestantisch! Gemeinsam ist den beiden Studierenden, die nebenbei in der Gastronomie jobben, ihre gesellschaftspolitische Einstellung – durch die 68er Jahre geprägt –, ihre Liebe zum Skilaufen und zum Reisen wie auch ihre Erfahrung, mit vier bzw. drei Geschwistern in einer großen Unternehmerfamilie aufzuwachsen.

Ja, die beiden mögen sich und finden nach viel Hin und Her dauerhaft zusammen. Ihr zuliebe bleibt Heiner nach seinem Examen noch in Freiburg und bereitet andere Studierende als "Repetitor" auf deren Examen vor, bis ihn die Familie 1972 zurückruft. Die Firma braucht ihn.

Auch Heiner ist inzwischen Metzger, denn parallel zum Studium hat er bei seinem Onkel Hubert Montag in Niederntudorf in allen Semesterferien konsequent seine Ausbildung gemacht und sie 1971 als Geselle abgeschlossen. Als Diplom-Volkswirt ist er jetzt zugleich "diplomierter Metzgergeselle".

Das ist wohl in der Familie der Kompromiss dafür, dass man ihn ins Studium hat ziehen lassen, denn für ihn als ältesten männlichen Nachkommen ist die Laufbahn in der Fleischwarenfabrik klar und eindeutig vorgezeichnet: Er wird nächster Chef, zumal sein Bruder Conrad und sein Cousin Eberhard viel jünger sind. Auf die kann man nicht warten, und sie haben bereits damals erkennbar andere Interessen.

Und für die Mädchen scheint eine solche Karriere bis in diese Generation nicht vorgezeichnet, höchstens höchstens als Witwe. Für Vater Heinrich ist nichts anderes denkbar, während Mutter Lisa ihren Großen gerne an der Universität sieht. Sie hat Abitur im Michaelskoster in Paderborn "auf den Nonnen" machen dürfen, was in ihrer Generation für ein Mädchen aus dem Dorf wie Tudorf nicht selbstverständlich ist, und sie hätte gerne studiert. Sie bewundert ihren ältesten Bruder Caspar, der Facharzt geworden ist. Liegt hier eine Vorentscheidung für den zukünftigen Lauf der Dinge? Vielleicht, doch dazu kommen wir später.

Ulla besucht ihren Heiner nun in diesen frühen gemeinsamen Jahren des Paares in den Semesterferien häufig in Schloss Neuhaus, wie sich die Gemeinde bereits 1957 dem Residenzschloss zu Ehren umbenannt hat. Da bekommt Heiners Vater mit, dass der Sohn morgens beim Wecken mitnichten aus seinem Zimmer im zweiten Stock kommt, sondern aus der seiner Freundin zugewiesenen Kemenate im Parterre. Was für ein Desaster, lauthals kundgetan: „Unter meinem Dach!" Seine Schwestern legen Ulla nahe, das gastliche Haus besser noch vor dem Frühstück zu verlassen, was sie nur zu gerne tut.

Sie besucht Heiner vor ihrer Heimreise nach Düsseldorf in seiner Lehr–stätte in Niederntudorf, wo Oma Montag sie auf dem Hof begrüßt und die Männer in der Metzgerbude benachrichtigt:

Eine zweiteilige grüne Tür öffnet sich erst oben, dann unten. Ohrenbe-
täubendes Quietschen und Kreischen dringt heraus – es ist Montag und
Schlachttag. Die Fleischer Montag schlachten in Heiners Lehrjahren
wöchentlich ca. zwanzig Schweine und vier "Tiere", wie "Katzowen"
die Rinder nennen. Ja, "Katzowen-Blut ist dicker als Buttermilch", so
lautet der stolze Spruch, mit dem Metzgerburschen früher manche
Schlägerei anzetteln, wobei der Begriff aus dem Jiddischen kommt.
Heiner's Metzger-Cousin Hubert ist in Tudorf noch bis 2022 in Fleisch–
zerlegung und Wurstproduktion sowie in der beliebten Verkaufstheke
im Supermarkt aktiv.

Doch zurück zum Schlachter-Erlebnis. Klar, was da passiert! Eine Ge-
stalt tritt heraus in Gummistiefeln und mit rot gesprenkelter Gummi–
schürze und will Ulla umarmen. Neh, das ist zu viel – nix wie weg!
Doch keine Chance. Oma Montag nimmt Ulla energisch-liebevoll an
die Hand, führt sie in die Küche, nimmt sich den restlichen Sonntags-
stuten vor die Brust, schneidet einen ordentlichen Kanten ab, schmiert
dick "gute Butter" darauf und stellt das vor die verschreckte junge Frau
auf den blank geputzten Küchentisch. Es schmeckt göttlich und hilft!

Trotzdem schwört Ulla: „NIE wieder komme ich zu Dir nach Hause!"
– Nun soll man ja nie "NIE" sagen. Die Düsseldorferin arrangiert sich
bald, kommt wieder aus dem Breisgau oder aus Nordrhein nach Ostwestfalen, und das Paar bekommt ein gemeinsames Zimmer im Haus
nach dem Motto: „Lieber unverheiratet hier zusammen als öffentlich im
Ort!"

Schloss Neuhaus, der Schützenort

Ulla ist nun regelmäßig und auch länger zu Besuch, ganz gewiss zum Schützenfest. Das ist spießig? "Finde ich überhaupt nicht, liebe ich doch auch meinen Karneval, meine Kirmes auf den Düsseldorfer Rheinwiesen und später das Oktoberfest in München!"

Schon 1948 hat Neuhaus das erste Schützenfest nach dem Krieg gefeiert, wobei König und Prinzen noch mit der Armbrust statt dem verbotenen Gewehr ausgeschossen werden, denn auch die Schützenvereine sind entwaffnet. Der Verein verschreibt sich 1954 in der Neugründung seiner Schießabteilung ausdrücklich dem Schieß-"Sport" und lehnt das Schießen "zum Zwecke der Wehrertüchtigung" ab.[82]

Vater Heinrich ist der zweite Schützenoberst nach 1945, und das 21 Jahre lang von 1955 bis 1976, wobei er vorher als Hauptmann der Markt-Kompanie fungiert hat. Unter seiner Führung wird das Tragen von Holzgewehren beim Marschieren abgeschafft. Auch die Ökumene greift jetzt im christlich geprägten Verein – es gibt nun katholische wie evangelische, später auch gemeinsame ökumenische Schützen-Gottesdienste. Das trägt den vielen nach dem Krieg zugezogenen protestan‐tischen Flüchtlingen, die sich im Schützenverein wiederfinden, Rech‐nung.

Auf den Schützenfesten wird damals fast nur Bratwurst und noch kein so breites Speisenangebot wie heute angeboten.

---

[82] Grothmann, D.; Drewniok, M.: 100 Jahre Bürger-Schützen-Veein Schloß Neuhaus 1913 St. Henricus Bruderschaft e.V. 2013. Hrsg: M. Pavlicic, Seite 50

Da wechseln sich die örtlichen Metzger Thombansen und Berhörster jährlich ab und liefern, was das Zeug hält. Zum Schützenfest kommen die studierenden Heiner und Ulla nach Hause und feiern feste mit.

Dabei gilt unumstößlich: Vor dem musikalischen Wecken vom Schützenoberst durch das Tambour-Korps gegen fünf Uhr am Sonntagmorgen müssen alle im Haus sein, egal wie erwachsen sie sind. Manches Mal rennen sie nach dem Feiern fröhlich nach Hause und bitten den Kapellmeister in letzter Minute, einen Moment warten, damit alle hoch zu ihrem Fenster laufen können. Dann hebt der Tambour-Major den Taktstock, die Musik tönt durch den Quinhagen, der Oberst begibt sich auf die Straße, lässt seinen Kontrollblick zufrieden die Fassade hoch über die Seinen schweifen und schenkt den Musikanten ihren obligaten Schnaps ein![83] Dann wird geschlafen und Kraft für den nächsten Fest-Einsatz am Sonntagnachmittag geschöpft.

---

[83] Siehe zu diesem Lebensabschnitt auch Ulla Thombansen: Fisch unter Bäumen. Meine Lebensgeschichte als Babyboomerin. 2023

Illustrationen

Oben: Hochwasser 1965 in der Schlossstraße, hier vor den Häusern Thombansen.
Foto: Stadt- und Kreisarchiv Paderborn S – M5/05, Nr. 2712 / Hans Keutsch
Unten: Heiner mit Freundin (hier am Rand abgeschnitten, da sie für eine Fotofreigabe nicht auf-
findbar ist), daneben Marianne, Vater Heinrich und Mutter Lisa sowie Ursula. 60er Jahre-
Idylle. Foto: Familienalben

Oben links: Heiner, der Soldat.
Oben rechts: Heiner, der Reiter, der gerne bei Jagden mitreitet, auch in der Senne.
Fotos: Familienalben
Unten: Hauptmann Heinrich Thombansen. Foto: Grothmann, D.; Drewniok, M.: 100 Jahre Bür-
ger-Schützen-Verein Schloß Neuhaus 1913 a.a.O., Bild ebenda. Freigabe von Michael Pavlicic

Oben: Der Schützenoberst Heinrich Thombansen. Foto: Bürger-Schützenverein Schloß Neuhaus
1913 e.V., Freigegeben von Hauptmann Markus Husemann
Heiner auf dem Schützenfest mit Kindern und Eltern. Er schießt, trifft und löst das Foto aus!
Foto: Schießstand-Betreiber ca. 1983

Heiner & Ulla Thombansen

Die nächste und dann ja letzte Metzgergeneration startet 1972 in den neuen Alltag, nachdem Heiner und Ulla (*1945 und *1950) eine ausgedehnte Abschiedsreise von der gelebten Freiheit durch Italien und das damalige Jugoslawien gemacht haben. Heiner schlägt seinen Schreibtisch nach kurzer Gesellenwanderschaft ins Lippische als Geschäftsführer im Kontor zwischen den beiden Senioren auf. Franz Mertens ist plötzlich krankheitsbedingt ausgefallen. Anfang 1973 wird die Firma in C. & H. Thombansen GmbH & Co. KG umfirmiert.

Ulla folgt ihm 1973 nach ihrem Examen nach Schloss Neuhaus, jetzt auch sie als Diplom-Volkswirtin. Sie startet ihre hiesige Berufstätigkeit zunächst in einem amerikanischen Unternehmen in Paderborn. Hier sammelt sie Konzernerfahrung als Assistentin der Vertriebsleitung inmitten von Männern, die mit Gleichberechtigung und Emanzipation von Frauen nichts am Hut haben. Puh! Kulturwechsel gegenüber den Studenten-Jobs in Freiburg, die zunehmend anspruchsvoll waren und wo sie gleichzeitig Respekt und fordernde Aufgaben statt hauptsächlich Ko–pieren, Tippen und Kaffee Servieren erlebt hat.

Und sie heiratet ihren Heiner! Ja, es wird ernst, obwohl sein Vater bis zuletzt die Hoffnung auf eine Schwiegertochter aus einem solide-westfälischen Handwerksgeschäft nicht aufgegeben hat und sich nicht so recht mit der Düsseldorferin anfreunden kann. Ob die wohl richtig zupacken kann? Die kritische Distanz wird sich bald ändern, und das Verhältnis zu den Schwiegereltern wird vor allem Dank Mutter Lisa's Kümmern sehr gut.

Die Gespräche am Abendbrottisch drehen sich bei Heiner & Ulla allerdings Abend für Abend zunehmend um Wurst, Fleisch, Kredite, Senioren und neue Produkte für gerade boomende Selbstbedienungstheken in den großen Supermärkten, die überall aus dem Boden schießen. Für Ulla wenig Abstand vom Geschehen in Schloss Neuhaus. Hilft nichts. Da kann sie auch gleich offiziell mitmachen. Somit ziehen Heiner und Ulla aus ihrer ersten Wohnung, in der sie zunächst drei Jahre in Paderborn gewohnt haben, in den Quinhagen und leben alle gut und gerne unter einem Dach. Heiner und Ulla haben sich dazu die zweite Etage im Quinhagen 2 im Giebel hinter der Fachwerk-Fassade ausgebaut, wo früher die Zimmer der Geschwister waren. Jetzt sind da ein großer Wohnraum, eine weiträumige Wohnküche und Schlafzimmer entstanden, da fühlt sich das junge Ehepaar wohl.

Illustrationen

Oben: Das junge Paar in Studienzeiten.
Heiner mit seinem geliebten Opel Manta, den er von den Eltern zum Examen bekommt,
auf der Fähre in Jugoslawien. Fotos: Familienalben

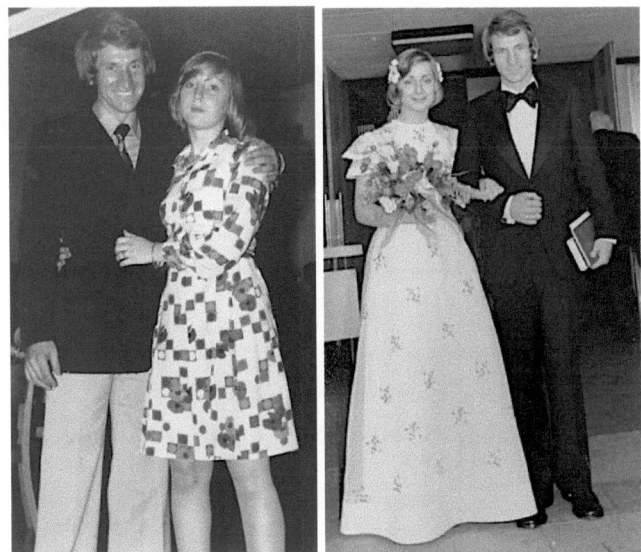

Oben: Ulla in Rom am Trevibrunnen.
Unten: Hochzeitsbilder, links auf dem Polterabend in der Gaststätte Fischteiche in Paderborn
und rechts nach der kirchlichen Trauung in Düsseldorf. Fotos: Familienalben

Im Familienbetrieb

Heiner überzeugt seine Ulla, doch in den Familienbetrieb zu kommen, denn jetzt sind sie schon Zwei, die vieles verändern und neu anpacken wollen: Mit moderner Produktions- und Verpackungstechnik für die neue portionierte Selbstbedienungs-Aufschnittware, zu liefern an die sich ausbreitenden großen Ketten, auch an den neuen Markt Südring am Stadtrand von Paderborn.

Heiner entwickelt mit Onkel Conrad die "Paderborner Landwurst" als Hausmacher Mettwurst, die nach Probieraktionen bombig einschlägt. Nachts wandert er in die Räucherkammer – das ist die oben im 5. Stock! –, um dort Temperatur und Feuchtigkeit zu prüfen, und kommt mit Raucharoma zurück zu seiner Ulla ins Bett.[84] Toll! Jetzt schlägt er eine Kotelett-Preisaktion in den Ladengeschäften vor – das ist der Renner! Die Meister und Fleischerfachverkäuferinnen kommen mit dem Schlagen der Rückenstränge kaum nach, so schnell gehen die Koteletts über die Theke! Die Erfahrung: "Aktionen beleben das Geschäft! Das machen wir jetzt öfter."

Die Junioren bemühen sich, anders mit Mitarbeitern umzugehen. Auf Augenhöhe, was im Wertebild der Senioren und mit den Meistern aus der Kriegsgeneration nur teilweise gelingt: Diese schätzen klare Ansagen und widerspruchfreies Ausführen: Mitwirkung ist noch nicht im Führungsrepertoire angekommen. Doch die beiden Junioren schaffen das schrittweise.

---

[84] Zu diesen Parts siehe auch Thombansen, Ulla: Fisch unter Bäumen, a.a.O.

Langsam wachsen Vertrauensinseln unter den rund 80 Männern und Frauen, vor allem bei den vielen Jugoslawen, die mit Familie auf dem Firmengelände in der Schlossstraße 8 wohnen. Arbeiter und Gesellen platzieren zunehmend Vorschläge aus ihrer Arbeitserfahrung bei aufgeschlosseneren Meistern oder den Juniorchefs, die manche Optimierung in Gang setzen. Auch das Büro ist großzügiger gestaltet und befindet sich inzwischen mit kommunikativen Großraum-Arbeitsplätzen im Parterre von dem neuen Bau hinter der Denkmal-geschützten Fassade in der Schlossstraße 8. Eine Extra-Tür führt aus dem abgetrennten Chef-Büro direkt nach draußen ins Treppenhaus, durch die Senioren kommen und gehen können, wie es ihnen gefällt – auch mal direkt auf ein Bier in die gegenüberliegende Gaststätte Potthast, spätestens am Nachmittag. Ein paar Privilegien müssen sein!

Es geht deutlich aufwärts, so dass man einen Neubau auf der „Weide", dem Gelände in Vater Heinrichs Besitz an der Marienloher Straße, ins Auge fasst. So ein Neubau mit optimierten Arbeitsprozessen auf ebener Erde muss sein, damit die Firma kostengünstiger produzieren und dadurch Bestand haben kann. Das ist in dem Mehretagen-Konstrukt im alten Ortskern mit seinen immer neuen Anbauten, Treppen und dem Lastenaufzug quer über dem Paderlauf, wo vieles unter Denkmalschutz steht, ja, dort ist das zum Scheitern verurteilt.

Wie dieses bis zu sechsgeschossige Firmengebäude – mit laut Flurfunk mindestens zwei, wenn nicht drei Etagen Schwarzbau – zustande gekommen ist, mag die Episode erläutern, die in der Familie erzählt wird: Onkel Conrad schaut sich die Fabrik mit seinem Freund, dem Baudirektor von Neuhaus, an und der sagt nur leise „wenn das der Baudirektor sehen würde...“

Heiner ist für die Liberalen im Stadtrat und flucht fortan, weil diese „Lehrergremien" immer nachmittags tagen, wenn er noch am Schreib-tisch sitzen müsste. Dabei verändert sich Paderborn mit inzwischen gut 100.000 Einwohnern massiv in Richtung "Oberzentrum": Nicht nur Schloss Neuhaus ist eingemeindet, die frisch gegründete „Gesamthoch-schule" legt den Grundstein für die spätere Universität. Der deutsche Computerspezialist Nixdorf wächst. Mit ihm kommt der Flughafen samt immerwährendem Kampf um bessere Verkehrsanbindungen über Autobahnen und Eisenbahn ins Land. Die Kaiserpfalz neben dem Dom entsteht neu. Alles spannend.

Und ja, es kündigt sich Nachwuchs an. Ulla kommt nach einem Arztter-min während einer Chef-Besprechung mit froher Kunde ins Büro und flüstert Heiner "Papi!" ins Ohr. Der versteht nix, fragt dreimal nach, bis der Betriebsleiter Albert Broer poltert: "Mensch, Heiner. Deine Frau ist schwanger. Wurde aber auch Zeit!"

Firmen-Krisen

Und dann, alles paletti? Hmm. Der Sommer 1975 ist glühend heiß. Der Würstchenabsatz brummt, gefühlt bestellen sämtliche Schwimmbäder und Supermärkte von Nord bis Süd en masse Bockwurst- und Knacker-Konserven. Die Produktion läuft rund um die Uhr. Manch beladener LKW verlässt den Versand in alle Richtungen Deutschlands, pausiert oft voll beladen auf Rasthöfen in praller Sonne und es passiert: Dosen "gehen hoch". Die unter diesem Produktionsdruck offensichtlich nicht ausreichend konservierte Ware verdirbt. Nix mit haltbarer Konserve. Das alles kommt finanziell und oft ganz handfest in Kartons zurück in die Firma – die Herstellungskosten sind verbrannt.

Am 2. August 1975 kulminiert die Retourenlast: Ein Lastwagen nach dem anderen rangiert rückwärts auf den Hof und wird entladen. Die Belegschaft wirft Dosen und Gläser mit verdorbenen Würstchen in bereitstehende Container, die randvoll umgehend abgefahren werden. Tränen fließen, auch gestandene Fleischer wischen sich verstohlen die Ärmel übers Gesicht. Mutter Lisa und die hochschwangere Ulla, die seit dem Vortag im sechswöchigen Mutterschutz ist, schauen erschüttert vom Küchenbalkon aus zu, das hat Auswirkungen: Nachts setzen bei Ulla die Wehen ein, und am nächsten Mittag ist das Sonntagskind Christian Heinrich Stefan Thombansen auf der Welt, zwar sechs Wochen früher als geplant und etwas untergewichtig, doch gesund: Der älteste Junge der nächsten Generation ist da, eine Cousine gibt es schon.

Beruflich ist die Konsequenz dramatisch: Rechnungsgutschriften an Kunden gehen heraus, was Verluste von weit mehr als hunderttausend Deutsche Mark bedeutet. Kapitalreserven sind weg. Die Firma wird halbiert und trennt sich in einer Massenentlassung von rund vierzig Personen, also der Hälfte der Belegschaft. Liquidität fürs betriebliche Überleben kommt aus dem Verkauf des „Gartens" gegenüber vom Quinhagen 2, wo in der Folge drei neue Häuser mit den Hausnummern 3, 5 und 7 entstehen und nette Nachbarn einziehen.

Heiner & Ulla schmieden neue Pläne für die Firma, die sie allerdings lange Zeit für sich behalten. Ein Betriebsneubau kommt nicht mehr infrage. Dafür fehlt Eigenkapital, zumal sich die Branche weiter grundlegend umstrukturiert: Die internationale Konkurrenz wächst unter massivem Preisdruck, und selbst moderne Marktbegleiter in der westfälischen Fleischregion, die bisher als Vorbilder gelten, müssen schließen. Wenn sie vernünftig nachdenken, ist den beiden sonnenklar:

"In unserer alten Hütte werden wir nicht bis ins Alter erfolgreich sein."
Deshalb setzen sie sich das Ziel:

> "Bis zu Heiners 40. Geburtstag in knapp zehn Jahren haben wir
> das Unternehmen aufgelöst, die Senioren sicher versorgt und
> mit unserer guten Ausbildung neue Chancen ergriffen,
> von denen wir mit unserer Familie nachhaltig leben können."

So der Plan. Das läuft auch erst mal richtig rund. Doch dann kommt es wieder anders als gedacht! Die kaufmännische Situation wird immer enger, und so schließt C. & H. Thombansen schon im Sommer 1976 ihre Tore. Mit einem Arbeitsrechtler haben Heiner & Ulla einen Plan ausgetüftelt, mit dem alle Lieferanten bezahlt werden, was Heiner bei späteren Bewerbungen in der Branche helfen wird. Verlieren diese Zulieferer doch kein Geld bei Thombansen's, so dass Heiner's Name bei ihnen nicht negativ belastet ist und zwei von ihnen später seine Arbeit–geber werden!

Für die noch knapp 30 Mitarbeiter wird ein Sozialplan ausbezahlt, was damals absolut unüblich und im Mittelstand sehr verpönt ist. Dafür muss allerdings ein Betriebsrat her – welch Teufelszeug vor allem für die alten Herrschaften! Doch er wird gewählt und erfolgreich eingebunden. Natürlich merkt die Belegschaft, dass Dinge ungewohnt laufen. Dass völlig anders als üblich produziert wird und dabei alles an Dosen, Gläsern, Etiketten und Fleisch zum Einsatz kommt, was noch auf Lager liegt. Doch sie spielt mit, teilinformiert durch ihre Vertreter. So fährt Ulla am letzten Tag mit Fahrer Heribert das Ruhrgebiet ab und verkauft die pralle LKW-Ladung gegen bar für den Sozialplan. Auch dieser letzte aktive Einsatz gestaltet sich emotional bei den langjährigen Kunden.

Am selben Tag meldet Heiner beim Amtsgericht die Schließung der Firma an, die es dann ab dem 30.09.1976 nicht mehr geben wird. Ja, Schluss ist, wieder mit Tränen bei Mann und Frau und hadernden Senioren. Sie hätten gemäß ihrer Wertewelt bis zum bitteren Ende durchgehalten und erwarten das auch von ihrem Ältesten und seiner Frau. Ihnen fehlt jegliches Verständnis für diese freiwillige Entscheidung, so gut sich die Jungen und die Alten in all den Jahren auch verstanden haben. Wirtschaftlich sind Letztere versorgt: Sie erhalten Rente, Mutter Lisa und ihre Schwägerin Maria führen die Fleischereien, die wirtschaftlich inzwischen eigenständig sind, mit Hilfe ihrer Männer einige Jahre weiter und verpachten sie später noch an den Großneffen Ulrich Broer (siehe Seite 173). Auch ihre Kinder unterstützen sie.

Bankschulden werden über den Verkauf von Heinrichs Weiden an der Marienloher Straße beglichen, wo sich die Supermärkte Famila und später Kaufland ansiedeln. Nur Vater Heinrichs alter Pferdestall steht 2024 noch da, verrottet vor sich hin und erinnert an alte Zeiten.

Heiner & Ulla orientieren sich beruflich und räumlich neu, denn für sie ist die Luft in Schloss Neuhaus dünn geworden, wenn sie laufend Sätze hören wie: „Solch einen Traditionsbetrieb mit so alten Wurzeln macht man doch nicht dicht!" Doch was wäre die Alternative gewesen? Vielleicht damals schon in Tiefkühl-Fertigprodukte einzusteigen? Dafür fehlen Ausstattung und Kapital, und dieser Markt bildet sich gerade erst mit wenigen Produkten, auch wenn er später Heiners berufliche Heimat werden wird. Doch diese Musik spielt in unbekannter Zukunft.

Illustrationen

Oben: Die Schlossstraße 6, 1975, mit Onkel Conrad's Mercedes und Ulla's Käfer.
Unten: Luftaufnahme der Fleischwarenfabrik in 1975. Links vorne das Haus "hinten", in dem
die neue Wohnung der Junioren im Giebel entstehen wird.
Mittig die Produktion, rechts angeschnitten die Schlossstraße 8. Fotos: Familienalben

Oben: Ulla 1974 als Promoterin für die Paderborner Landwurst im Südring in Paderborn mit dem neuen Verkaufsstand. Die Wurst wird ihr geradezu aus den Händen gerissen!

Auf nach Niedersachsen!

Heiner & Ulla holen erst einmal tief Luft, denn die Wochen und Tage vor und in der Schließung haben immense Kraft gekostet. Sie nehmen sich Zeit – auch für Sohn Christian, diskutieren viel mit Freunden und Fachleuten und planen neue Ziele.

Heiner macht zunächst seinen Metzgermeister in Landshut, wo das innerhalb von zwei Monaten am schnellsten in Deutschland geht. In den kaufmännischen Fächern tut er sich als Volkswirt und ehemaliger Geschäftsführer leicht und kann anderen helfen, im Praktischen braucht er Nachhilfe vom Innungsmeister in der bayerischen Wurstproduktion. Jetzt kann Heiner Weißwurst!

Alles klappt, und er sucht mit seiner Doppel-Qualifikation als kaufmännisch diplomierter Metzgermeister als Erster des Paares eine neue Anstellung. Die findet er ab April 1977 als Vertriebsleiter in einer Konservenfabrik in Oldenburg (Old.). Die Stadt empfängt Vater Heiner, Mutter Ulla und Sohn Christian schon beim Kennenlern-Besuch freundlich und wächst ihnen ans Herz.

Durch den Wegzug aus Paderborn muss Heiner allerdings seine Ratsherren-Tätigkeit hier aufgeben, was ihm sehr Leid tut. Beruflich ist er erfolgreich. Einige Jahre später folgen für ihn Führungspositionen im Fleischein- und -verkauf in Fleischkonzernen in Hannover bei einem früheren Zulieferer und dann in Düsseldorf.

Auch Ulla hat ihren beruflichen Weg gefunden: Seit 1977 arbeitet sie als Trainerin, Coach und Beraterin im politischen Management und in der Öffentlichkeitsarbeit bei den Liberalen.

Ab 1979 kommen Servicemarketing und Management in der Profi-Gastronomie, sprich: in großen Kantinen und Gastronomieketten, hinzu. Sie optimiert dort gastorientiertes Verhalten von Mitarbeitenden und ihren Führungskräften, also die "Software in" der "Foodservice-Branche", während Heiner diese mit der "Hardware", also den Fleischprodukten, versorgt, oft bei denselben Kunden. Auf Branchen-Events wie Ausstellungen, Kongressen und Preis-Verleihungen tauchen beide jetzt gemeinsam auf, vor allem vierzig Jahre lang auf der Messe InternorGa in Hamburg. Auch die Familie ist komplett, nachdem 1979 Tochter Julia geboren ist und irische Au-Pair-Mädchen erfolgreich den Haushalt verstärken.

Illustrationen

Oben: Heiner, der Metzgermeister, 1977. Foto: Innung Landshut
Unten: Heiner, Ulla und Christian im Garten im Ammerland 1977, nördlich von Oldenburg.
Foto: Familienalben

Oben: Stolzer Vater Heiner mit Christian und Julia 1980.
Unten: Das wunderschöne "Heuerhaus", in dem früher die angeheuerten Landarbeiter wohnten,
ist für viele Jahre Familien-Heimat im Ammerland. Fotos: Familienalben

Zurück in Schloss Neuhaus

1985 werden nach den niedersächsischen Jahren die zwischenzeitlich vermietete Wohnung im Quinhagen und gleichzeitig das benachbarte alte Büro in der Schlossstraße 8 für Ulla's Firma frei, und die Familie beschließt: "Wir ziehen zurück nach Schloss Neuhaus." Paderborn nimmt Heiner, Ulla, Christian und Julia nach der Auszeit "in der Fremde" herzlich auf, sowohl im Senioren-Haushalt, der jetzt auch einiges an Kinderbetreuung übernimmt, wie auch im Freundeskreis.

Selbst die Schule funktioniert prima samt Christians Übergang ins Gymnasium auf dem Schlossgelände und Julias Einschulung. Die Kinder sind jetzt groß genug, dass sie unter dem Blick der Großeltern und der Eltern-Achtsamkeit, wenn diese mal nicht unterwegs sind, im überschaubaren Paderborn recht selbstständig aufwachsen können. O-Ton von Christian: „Hauptsache, neue Filme kommen hier sofort ins Kino!" Das offenbart, was für ihn als heimatliche Bezugsgröße zählt.

Ullas neues großzügiges Büro für MUT kennt sie ja schon aus Thombansen-Zeiten, das ist wieder gleich nebenan und wächst personell mit den Ansprüchen ihrer wachsenden Klientel, die ihre Crews im Top-Service gegenüber ihren Gästen trainieren und coachen lassen will. Das ist ein Reiseberuf, der Ulla vor allem nach Hamburg, Frankfurt, Lingen und für Filial-Unternehmen durch die ganze Republik führt. Im politischen Umfeld ist ihre Trainingsleistung rund um liberale Kommunikation bundesweit und auch international in Österreich, Sambia, Thailand und auf den Philippinen gefragt.

In der Woche ist auch Heiner meist unterwegs: Seine Arbeitgeber sind jetzt in Düsseldorf, Aschaffenburg, Frankfurt, Merzig im Saarland, Hamm, Holzwickede etc. ansässig: Die Familie will ihnen aber nicht mehr hinterher ziehen. Dann findet Familie halt am Wochenende in Schloss Neuhaus statt!

"Convenience" fasst Fuß

Heiner hat sich inzwischen von der Konservenvermarktung und dem reinen Fleischgeschäft verabschiedet. Neues reizt ihn, und so entwickelt und vermarktet er nun "Convenience"-Artikel. Das sind bereits verarbeitete und tiefgekühlte Speisen, welche die großen Gastronomiebetriebe wie Mitarbeiterrestaurants, Raststätten, Krankenhäuser, Mensen oder Kaufhausketten zunehmend "bequem, schnell und einfach" für ihre Gäste in den Verkauf bringen. Denn das englische "Convenient" be–deutet nichts anderes als bequem.

Arbeitsschritte werden damit aus Restaurantküchen in die Industrie vorverlagert, was Aufwand vor Ort verringert und so die Systematisierungstrends in der Branche stärkt, die immer stärker über Kostendruck und gleichzeitig über den Mangel an qualifiziertem Personal stöhnt.

Ab 1991 will auch der heimische Fleischkonzern Westfleisch, früher der größte Lieferant von Thombansen, als führender deutscher Anbieter in diese veredelnde Weiterverarbeitung einsteigen und baut mit Heiner eine Convenience-Abteilung in Hamm-Uentrop auf. Mit diesem Betrieb zieht Heiner 1999 als Geschäftsführer nach Holzwickede, wo West–fleisch und Nordfleisch, später Vion, gemeinsam die FVZ Westfood-Convenience GmbH gründen.

In jener Dekade wächst die Nachfrage nach Tiefkühlprodukten, insbe–
sondere von panierten Schnitzeln, was sich technisch als durchaus he–
rausfordernd erweist. So dauert es, bis es eines Tages endlich erleichtert
vom Frittierband tönt: "Hurra, die Panade haftet!" Jetzt kann Tonnage
in die Froster und von dort zu den Kunden fließen. Auch Snackprodukte
"für den kleinen Hunger zwischendurch" sind gefragt, überhaupt wer–
den die Fleischportionen in dem Maße kleiner auf dem Teller, wie sich
im Handel der Preisdruck und bei Konsumenten die Ernährungsge–
wohnheiten ändern.

Und so entwickelt Heiner die "Mini-Haxe" mit seiner Betriebsleiterin
Diana – ja, sie ist die erste Frau in dieser verantwortlichen Funktion in
der Branche. Das Top-Produkt ist der kleine Knochen aus der
Schweinshaxe mit seinem anhängenden Fleisch, ohne Speck und
Schwarte, gewürzt, fertig gebraten, dann schockgefrostet. Sie wird in
der Gastronomie auf Bestellung nur noch erwärmt und ist ein echter
Renner, auch bei dem Marktführer der Tiefkühl-Heimdienste. Dieser
fährt im Herbst 1989 eine stark beworbene Haxen-Aktion, wozu Heiner
und sein Einkauf zehn Prozent aller in Deutschland in der Schlachtung
anfallenden Haxen beschaffen und verarbeiten.

Als berufliche Kompetenz gewinnt Ende der 1980er das Qualitätsmanagement inkl. Lebensmittelhygiene mit immer neuen Verordnungen
und Richtlinien an Bedeutung, angetrieben durch diverse Lebensmittel-
Skandale. Ihre Umsetzung ist auch in der Fleischverarbeitung elemen-
tar, denn Abweichungen landen direkt in den Medien, kosten Umsatz
und gefährden die Existenz. Kunden, dafür zertifizierte Institutionen
und Behörden prüfen die Einhaltung der stetig strenger werdenden Nor-
men gründlich und regelmäßig.

Neben professioneller Lebensmitteltechnologie fordert das eine penible Steuerung von Arbeitsabläufen "mit entsetzlich viel Dokumentation"! Punktuelle Qualitätsprüfungen wie früher reichen nicht mehr aus. Für Heiner und seine Fachleute – unter ihnen viele Frauen – rücken Pro–zessoptimierung und Qualitätsmanagement immer stärker in den Arbeitsfokus. Auch hier baut er Expertise auf.

Heiner führt die FVZ Westfood-Convenience bis zu seiner Pensionierung 2012 erfolgreich als operativer Geschäftsführer und gewinnt beständig Marktanteile hinzu. Der Betrieb besteht zum Zeitpunkt dieser Veröffentlichung weiter in Holzwickede und ist inzwischen komplett in den Vion-Konzern integriert. In jenen Jahren pendelt Heiner täglich aus Schloss Neuhaus über A33 und A44 zu seiner Arbeitsstätte in Holzwickede und zurück. Gut, dass es diese Autobahnen inzwischen gibt – und auch das Mobiltelefon, mit dem auf den Fahrten schon viel zu erledigen ist!

Gebäudesanierung

Die Landesgartenschau kommt 1994 ins Residenzschloss, das die Gemeinde Schloss Neuhaus 1964 erworben hat und das jetzt der Stadt Paderborn gehört. Alles soll schön werden, auch die verfallenden alten Fabrikgebäude im noch älteren Ortskern! Und so schöpft die Großfamilie Hoffnung, dass die Stadt ihren umfassenden Sanierungsplänen zustimmt. Denn die nun leer stehenden Bauten sind nach den Vermietungen an Hoppe Fleischwaren und später Karlie Heimtierbedarf wirklich keine Zierde mehr für den ansonsten pittoresken Ortsteil. Pläne werden geschmiedet und immer neu verhandelt. Was lässt sich optisch ansprechend und dabei wirtschaftlich vertretbar verwirklichen?

Schließlich fällt die Entscheidung samt Genehmigung: Die Produktion, also alles, was über der Pader und zwischen den Wohnhäusern Im Quinhagen und an der Schlossstraße steht, wird abgerissen und bleibt Freifläche. Im Quinhagen 2 entstehen zwölf Eigentumswohnungen, die den Abriss und die Sanierung finanzieren sollen. Heiner & Ulla kaufen die Wohnungen in der vorderen Haushälfte, Heiners Bruder Conrad und Cousin Eberhard erwerben je eine im Hinterhaus, und vier weitere werden frei verkauft. So weit, so gut.

Das Haus im Quinhagen wird entkernt, erneuert und auch im obersten Giebelgeschoss ausgebaut. Bauherrin ist die Thombansen GmbH & Co. Immo AG, mit deren Mitgliedern und den Architekten manch ein Strauß auszufechten ist, bis die Fenster in den Gauben größer und die Balkongeländer optisch durchlässig werden. Ganz zum Schluss wird aus dem Hof nicht nur ein schnöder Parkplatz, sondern eine grün gestaltete Aufenthaltsfläche: Der Quinhagenhof.

Ulla zieht mit ihrer Firma MUT in den ersten Stock um, was zwar kleiner ist, aber passt, nachdem auch sie Leistungen bündelt, Abläufe rationalisiert und mit weniger Mitarbeitenden auskommt. Noch einmal zwanzig Jahre später werden ein einzelner Schreibtisch im Homeoffice ausreichen. – 1994 zieht der Tierarzt Becker in die Schlosstraße 8. Die nächste Sanierung steht in den 2020er Jahren am Quinhagenhof an, wenn es der Schlossstraße 6 grundlegend an die Balken geht. Michael und Martina Gramlich und ihre Söhne (siehe 173) sanieren das alte Schmuckstück hervorragend, wobei das Projekt immer wieder neue Hürden in Genehmigungs-Bürokratie und Denkmalschutz nimmt – mit vielen neuen Balken. Rechtzeitig zum Schützenfest 2024 fallen die Gerüste und das renovierte alte Bild zeichnet sich wieder attraktiv ab.

Illustrationen

Oben: Heinrich 1990 auf seinem 80. Geburtstag mit Sohn Heiner, kurz vor dessen 45. Geburtstag. Das ist ein rauschendes Fest mit den Schützen in der Gaststätte Fischteiche!
Und Heiner hat noch Haare, auch wenn sie schon ziemlich altersblond sind!
Unten: Der Oberst mit seiner Frau Lisa, der langjährigen "Zeremonienmeisterin"
des Schützen-Hofstaates, auf dem Weg zum Schützenplatz. Fotos: Familienalben

*Oben 1999: Heiner, Marianne, Ursula, Mutter Lisa, Monika, Conrad an Lisa's 80. Geburtstag.
Unten: Blick auf die Schlossstraße mit der Mühle Schoeningh links unten, vom Standort Mühlen-
speicher Schloss Neuhaus, 1990er-Jahre. Links hinter der Fachwerkzeile das Mühlensilo, rechts
die Dächer der Fleischwarenfabrik. Das Silo an der Quinhagen-Ecke wird 1992 entfernt und
dort die Anlage Mühlenhof gebaut. Im Hintergrund das Paderquellgebiet und Paderborn.
Foto: Stadt- und Kreisarchiv Paderborn S – M5/06GD, Nr. 215 / Kalle Noltenhans*

Oben: Schlachthaus vorne über der Pader und Produktion hinten zu Zeiten der Verpachtung an Karlie Heimtierbedarf.
Unten: Die Gebäude mitten im Abriss. Fotos: Familienalben

Oben: Die freigelegte Rückseite der Schlossstraße 6 nach dem Abriss:
Plötzlich ist Licht in diesen Wohnungen! Im Hintergrund: Die 2004 abgerissene Mühle.
Unten: Das Haus "Im Quinhagen 2" nach der Sanierung. Ist doch schön geworden!
Heiner & Ulla wohnen mit Familie in den Giebel-Etagen, ihre Firma MUT ist zunächst im ersten
Stock, später hinter den vier Fenstern im Giebel im "Wohnbüro".
Im Parterre wohnt noch lange Lisa Thombansen als Witwe.
Später sind die unteren Etagen vermietet. Fotos: Familienalben Sammlung Thombansen

Das Vorder- und Hinterhaus Im Quinhagen 2 in seiner Längsansicht.
Auf dem Quinhagenhof darf immer wieder gefeiert werden:
Hier: Heiners 75. Geburtstag in einer Corona-Pause 2020 mit Familie, Nachbarn und Freunden.
Foto: Roald Gramlich

Das Stammhaus Schlossstraße 6 vorne und hinten aktuell im Zuge der Sanierung im Juni 2024.
Fotos: Heiner Thombansen

Verstreute Familie

Christian ist zum Zeitpunkt dieser Publikation nach 15 Jahren in der Automobilbranche in Stuttgart als Projektentwickler in Mecklenburg in der Medizintechnik tätig.hier ist er mit seiner Frau Stefanie und vielen Tieren im alten Bauernhof angekommen, der aus ihrer Familie stammt und sie noch einige Jahre sanierend beschäftigen wird. Julia hat Ulla's Firma mit deren langjährigen Geschäftspartnerin Christine Possler übernommen und führt MUTmanagement GmbH mit ihr von Dresden aus, wo sie mit ihrem sächsischen Mann Steffen und den drei Söhnen Carl, Hanns und Jakob lebt.

Neue Lebensentwürfe an neuen Orten, an denen die nächste Generation in mobilen, sehr lebendigen und nicht immer einfachen Zeiten seßhaft geworden ist. Auch die Folgegeneration hat erste wegweisende Entscheidungen in Richtung Berufswahl getroffen, auch sie nicht in Richtung Metzgerhandwerk!

Good Bye, Metzgerdasein

Und Heiner: Arbeitsende mit 65? Nein, Heiner macht noch etliche Jahre weiter. Seine etwas verspätete Pensionierung fällt 2012 zeitlich mit der Teil-Zerschlagung des in einigen Sparten kränkelnden Vion-Konzerns zusammen, der immer noch sein Arbeitgeber ist und für den er noch ein weiteres Jahr als Geschäftsführer in einem darnieder liegenden Betrieb in Wunstorf bei Hannover arbeitet. Mal wieder ein Feuerwehr-Einsatz in einem Fleischwaren-Betrieb! Damit hat er schon Erfahrung aus den achtziger Jahren.

Mit der Neuordnung der Vion geht der Westfleisch-Anteil des Betriebs in Holzwickede vollständig an die Vion zurück, doch die zugehörige Niederlassung in Polen, die FVZ-Deli Meat Polska, wird im Management-Buy-out von Führungskräften übernommen. Mit seinem polnischen Kollegen Grzegorz Kubiak bleibt Heiner hier bis Ende 2023 Geschäftsführer, fliegt einmal monatlich von Dortmund aus für ein paar Tage dorthin und steuert das Geschäft ansonsten telefonisch und digital aus dem Home Office.

In den insgesamt 25 Jahren, die er hier leitend wirkt, hat sich die Firma beständig auch baulich weiter entwickelt und einen wichtigen Platz in Polen und seinen internationalen Kundenländern erorbert, was auch beim herzlichen Abschied im Januar 2024 deutlich wird.

Damit hat Heiner seine fachliche Expertise in der Fleischwirtschaft vor allem ab den 1990er Jahren auf- und ausbauen sowie an viele Fach- und Führungskräfte weitergeben können. Er ist, so seine Wegbegleiter, in der Branche als diplomierter Metzgermeister, der Markt und Produktion immer gleichermaßen im Auge hat, zum führenden Experten geworden.

Illustrationen

Links: Good Bye, Polen, im Januar 2024! Foto: Ulla Thombansen
Rechts: Heiner mit Kollege und Gesellschafter Grzegorz Kubiak im Januar 2024 bei der
Abschiedsfeier. Foto: Jonathan Ostholt.

Weiter geht's!

Als Ulla diese Zeilen schreibt, sind Heiner und sie 79 und 74 Jahre alt und wohnen weiterhin im Quinhagen 2, nachdem sie gerade ihre Wohnungen 30 Jahre nach der Sanierung erneut renoviert haben – ja, das ist schon wieder eine ganze Generation her! Sie bewohnen immer noch "ihr Haus auf dem Haus" im Giebel und meinen optimistisch:

> "Wir werden hier alt werden.
> Falls uns die Treppen zu viel werden, auch im Parterre.
> Das Haus wird möglichst im Familieneigentum bleiben,
> dafür haben wir erst mal vorgesorgt.
> Auch die Schlossstraße 8 werden wir pflegen,
> damit das Fachwerk-Ensemble in der Schlossstraße
> weiterhin ein attraktives Bild abgibt."

Jetzt sind Heiner & Ulla Privatiers, leben in Schloss Neuhaus, genießen ihre Freizeit im modern gewordenen Paderborn mit seinem landschaftlich reizvollen Umland, pflegen ihre Freunde, kochen und genießen gerne, sind in ein paar Ehrenämtern aktiv, besuchen die Kinder und Enkel im Osten, sind oft draußen und reisen viel und gerne. Ihre Kinder sagen:

> *"Viel Glück und Freude dabei!"*

Illustrationen

Oben: Heiner an seinem 79. Geburtstag am 24.07.2024 mit seiner Ulla auf dem Balkon. Selfie.
Unten: Ulla, die Autorin. Sie schreibt ein bisschen für MUT und für sich.
Und für ihre Familie und weitere Neugierige dieses Buch. Foto: Dave Lubek Photograhie 2022

Anlage 1:

Vorfahren aus Kirchenbüchern und Standesämtern.

Recherchiert von Dr. Bastian Budde (siehe 173).

Ahnen in Kattenstroth
Henrich zum Banse

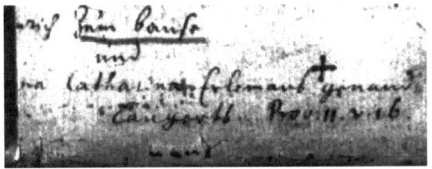

Auszug aus dem Taufregister 1655 Henrich Zum Banse. Kattenstroth (St. Pankratius)[85]

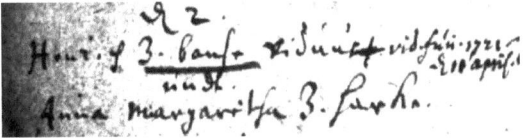

Heiratseintrag 25.04.1687 Henrich Zum Banse mit Anna Catharina Erlemann, (St. Pankratius/ Apostelkirche, Gütersloh)[86]

---

[85] Kirchenbuch Gütersloh, St. Pankratius, Taufen KB001-02-T, S.2. Die Kirche beheimatet Protestanten und Katholiken.
[86] Landeskirchliches Archiv der Evangelischen Kirche von Westfalen/ Kirchenkreis Gütersloh/ Gütersloh / Trauungen 1675-1714 + 1713-1732, Taufen 1675-1732 Band 1, S. 17 (Bild 12)

Heiratseintrag 2. Ehe 02.07.1689 Henrich Zumbanse mit Anna Margareta Zur Hart, (St. Pankratius/ Apostelkirche, Gütersloh)[87]

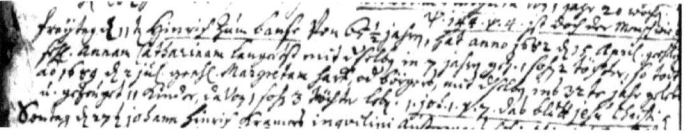

Beerdigungseintrag 11.04.1721 Hinrich Zumbanse (St. Pankratius/ Apostelkirche, Gütersloh). Die Schreibweisen den Namen wechseln.[88]

Johann Everd Zum Bansen

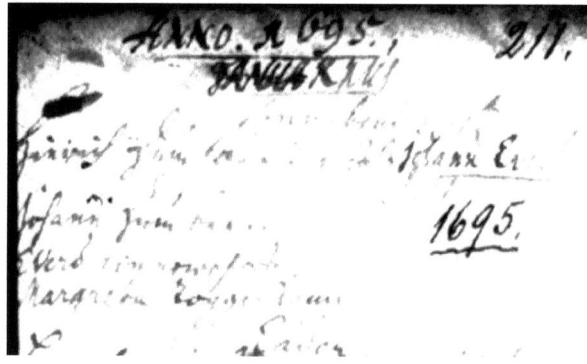

Taufeintrag Januar 1695 Johann Everd Zum Bansen (St. Pankratius/ Apostelkirche, Gütersloh)[89]

---

[87] Ebenda, S. 34 (Bild 21)
[88] Landeskirchliches Archiv der Evangelischen Kirche von Westfalen/ Kirchenkreis Gütersloh/ Gütersloh / Beerdigungen für 1676 - 1732, Band 2, S.328 (Bild 168)
[89] Landeskirchliches Archiv der Evangelischen Kirche von Westfalen / Kirchenkreis Gütersloh / Gütersloh / Trauungen 1675-1714 + 1713-1732, Taufen 1675-1732 Band 1, S. 211 (Bild 169)

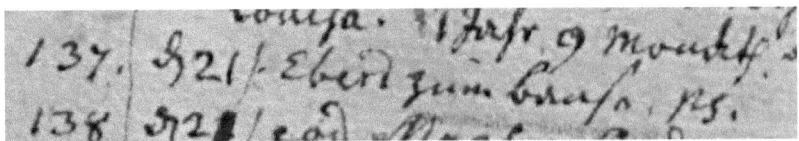

Sterbeeintrag 21.12.1752 Eberd Zumbanse (St. Pankratius/ Apostelkirche, Gütersloh)[90]

Gerard Zum Banse

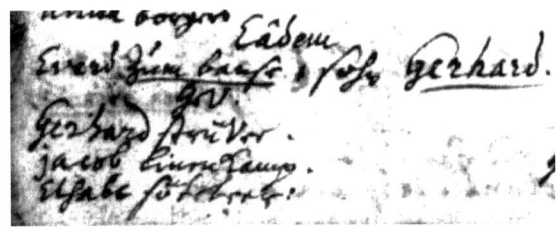

Taufeintrag 23.11.1724, Gerard Zum Banse (St. Pankratius/ Apostelkirche, Gütersloh)[91]

Heiratseintrag Gerard/ Gerd Tombanse 02.05.1745 mit Anna Catharina Clasmeyer (St. Pankratius, Gütersloh)[92]

Beerdigungseintrag 21.12.1780 Gerard/ Gerd Tombansen (St. Pankratius, Gütersloh)[93]

---

[90] Landeskirchliches Archiv der Evangelischen Kirche von Westfalen/ Kirchenkreis Gütersloh/ Gütersloh/ Beerdigungen 1744-1801, Trauungen 1754 + 1758-1801 Band 5, S.12
[91] Landeskirchliches Archiv der Evangelischen Kirche von Westfalen / Kirchenkreis Gütersloh / Gütersloh / Trauungen 1675-1714 + 1713-1732, Taufen 1675-1732 Band 1, S.504 (Bild 317)
[92] Kirchenbuch Gütersloh, St. Pankratius, Trauungen, KB002-02-H, S.226
[93] Kirchenbuch Gütersloh, St. Pankratius, KB004-03-S, Sterbefälle, 1780-1787, S. 40

Ahnen Neuhaus

Urahne Ewerd

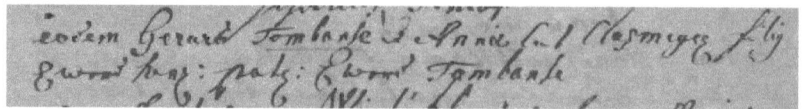

Taufeintrag 05.03.1749 Eward Henrich Tombanse (St. Pankratius, Gütersloh)[94]

Everhardus Tombanse heiratet am 17.04.1774 Barbara Papenkordt (St. Pankratius/ Marktkirche, Paderborn).[95]

Everhardus heiratet in zweiter Ehe 17.04.1792 Anna Maria Gertrud Schmale (St. Heinrich und Kunigunde, Neuhaus)[96]

Sterbeeintrag 06.12.1798 Everhard Thombansen (St. Heinrich und Kunigunde, Neuhaus)[97]

---

[94] Paderborn, rk Erzbistum Gütersloh, St. Pankratius Taufen, KB002-03-T, S.239
[95] Paderborn, rk Erzbistum Paderborn, St. Pankratius (Marktkirche) Trauungen, KB006-03-H, S.169
[96] Paderborn, rk Erzbistum Paderborn, Neuhaus, St. Heinrich und Kunigunde, Trauungen, KB003-02-H
[97] KB Paderborn, St. Heinrich und Kunigunde, rk, KB003-03-S, Sterbefälle, S.472 08.01.1777 Joannes Bernardus Zumbansen, St. Heinrich und Kunigunde, Neuhaus

Ahne Bernard

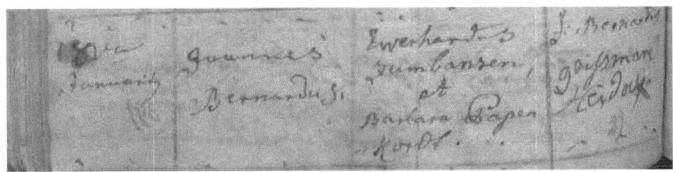

Taufeintrag 08.01.1777 Joannes Bernardus Zumbansen, (St. Heinrich und Kunigunde Neuhaus)[98]

Heiratseintrag 25.01.1807 Joh. Bernard Thombansen mit Maria Margaretha Elisabeth Brechmann, (St. Heinrich und Kunigunde, Neuhaus)[99]

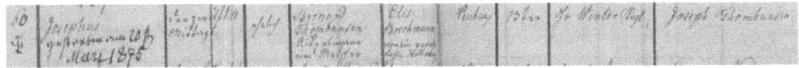

Sterbeeintrag Bernard Thombansen 23.04.1810, (St. Heinrich und Kunigunde, Neuhaus)[100] Joseph

Ahne Joseph

Geburtseintrag Joseph Thombansen 12.11.1807 – mit Todesvermerk 1875 (St. Heinrich und Kunigunde, Neuhaus)[101]

---

[98] Paderborn, rk Erzbistum Paderborn, Taufen KB003-01-T, S.200
[99] Paderborn, rk Erzbistum Paderborn, St. Heinrich und Kunigunde, Neuhaus, Trauungen, KB005-01-H, S.24-25
[100] Paderborn, rk Erzbistum Paderborn, St. Heinrich und Kunigunde, Neuhaus, Sterbefälle KB006-01-S
[101] Paderborn, rk Erzbistum Paderborn, St. Heinrich und Kunigunde, Neuhaus, Taufen KB004-01-T, S. 41

Heiratseintrag Joseph Thombansen 12.08.1834 mit Catharina Gockel
(St. Heinrich und Kunigunde Neuhaus)[102]

Sterbeeinträge Joseph Thombansen (St. Heinrich und Kunigunde, Neuhaus)[103]

Ahne Conrad Joseph Thombansen

Geburtseintrag Conrad Joseph Thombansen 10.06.1838 (St. Heinrich und Kunigunde, Neuhaus)[104]

Heiratseintrag Conrad Joseph Thombansen 09.05.1865 Anna Diekmann (St. Heinrich und Kunigunde, Neuhaus)[105]

---

[102] Paderborn, rk Erzbistum Paderborn, St. Heinrich und Kunigunde, Neuhaus, Trauungen, KB010-01-H, S. 11

[103] Paderborn, rk Erzbistum Paderborn, St. Heinrich und Kunigunde, Neuhaus, Sterbefälle KB014-01-S, S. 59
Landesarchiv NRW Abteilung Ostwestfalen-Lippe; P 3 / 12 / Paderborn - Landkreis, Nr. 2328, Sterberegister Standesamt Neuhaus 1875, Nr.34

[104] Paderborn, rk Erzbistum Paderborn, Schloß Neuhaus, St. Heinrich und Kunigunde, Taufen KB007-01-T, S. 122.

[105] Paderborn, rk Erzbistum Paderborn, Schloß Neuhaus, St. Heinrich und Kunigunde, Trauungen, KB013-01-H, S.34

Sterbeeinträge Conrad Joseph Thombansen 03.01.1890 (St. Heinrich und Kunigunde, Neuhaus)[106]

Ahne Heinrich Thombansen

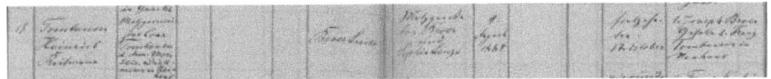

Geburtseintrag Heinrich Thombansen 22.02.1880 (St. Heinrich und Kunigunde, Neuhaus)[107]

Heiratseintrag Heinrich Tombansen mit Luise Maria Broer (St. Petri, Geseke)[108]

Heinrich Tombansen stirbt am 06.04.1941 in Neuhaus., hier wieder anders geschrieben. Im Kirchenbuch Neuhaus St. Heinrich und Kunigunde sind Sterbefälle nur bis 1927 verzeichnet.[109] Zu den weiteren Nachfahren siehe die Stammbücher auf den Folgeseiten.

---

[106] Paderborn, rk Erzbistum Paderborn, Schloß Neuhaus, St. Heinrich und Kunigunde, Sterbefälle KB014-01-S, S. 173
Landesarchiv NRW Abteilung Ostwestfalen-Lippe; P 3 / 12 / Paderborn - Landkreis, Nr. 2343, Sterberegister Standesamt Neuhaus 1890, Nr.1
[107] Paderborn, rk Erzbistum Paderborn, Schloß Neuhaus, St. Heinrich und Kunigunde, Taufen KB015-01-T, S. 6
[108] Paderborn, rk Erzbistum Geseke, St. Petri (Stadtpfarrei) Trauungen | KB023-01-H, S. 86
[109] Im Standesamt Sterberegister sind sie nicht über Archive.nrw.de einsehbar und nur bis 1938 verfügbar

Anlage 2:

Stammbäume

Recherchiert von Ulla & Heiner Thombansen, Konrad Thombansen, Dr. Beate Mathias, Dr. Bastian Budde und Daniel Thombansen. Ab Seite 162 sind sie im Programm *MacFamilyTree* integriert, soweit Daten bis zum Zeitpunkt der Veröffentlichung zugänglich sind.

Lebensdaten von namentlich genannten Lebenden sind so veröffentlicht, wie diese sie freigegeben haben. Ansonsten sind sie anonym und pauschaliert genannt. Das gilt auch für Kinder und Jugendliche.

Ahnentafel aus dem 3. Reich, *Sammlung Thombansen*

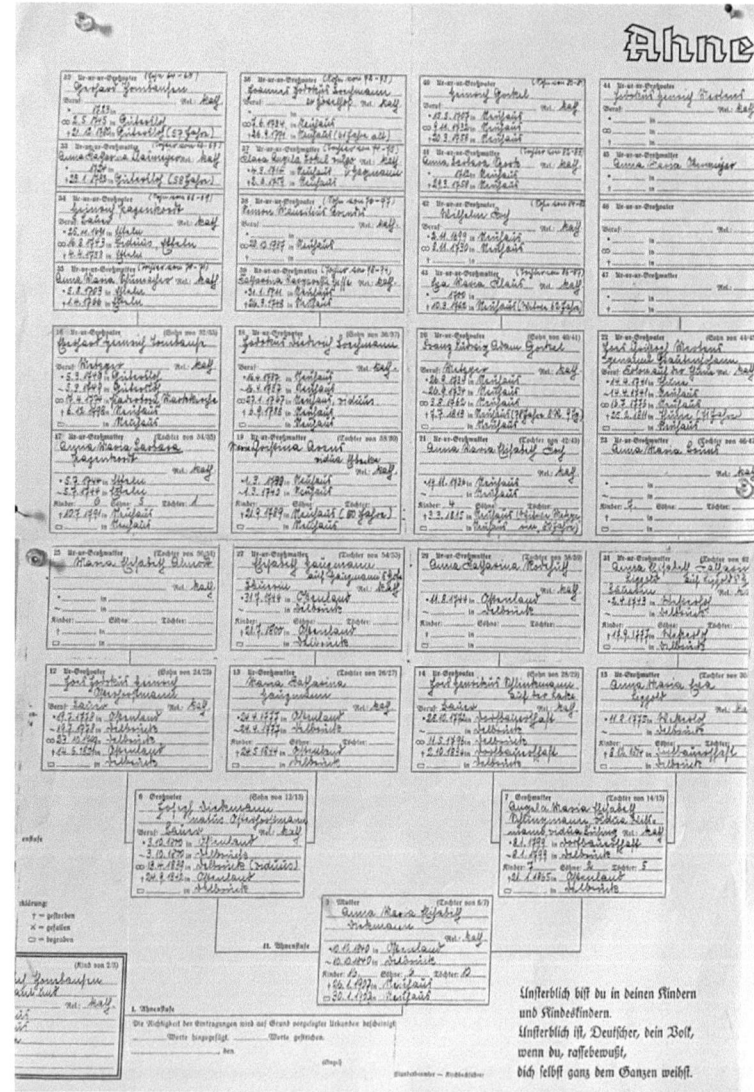

Sammlung

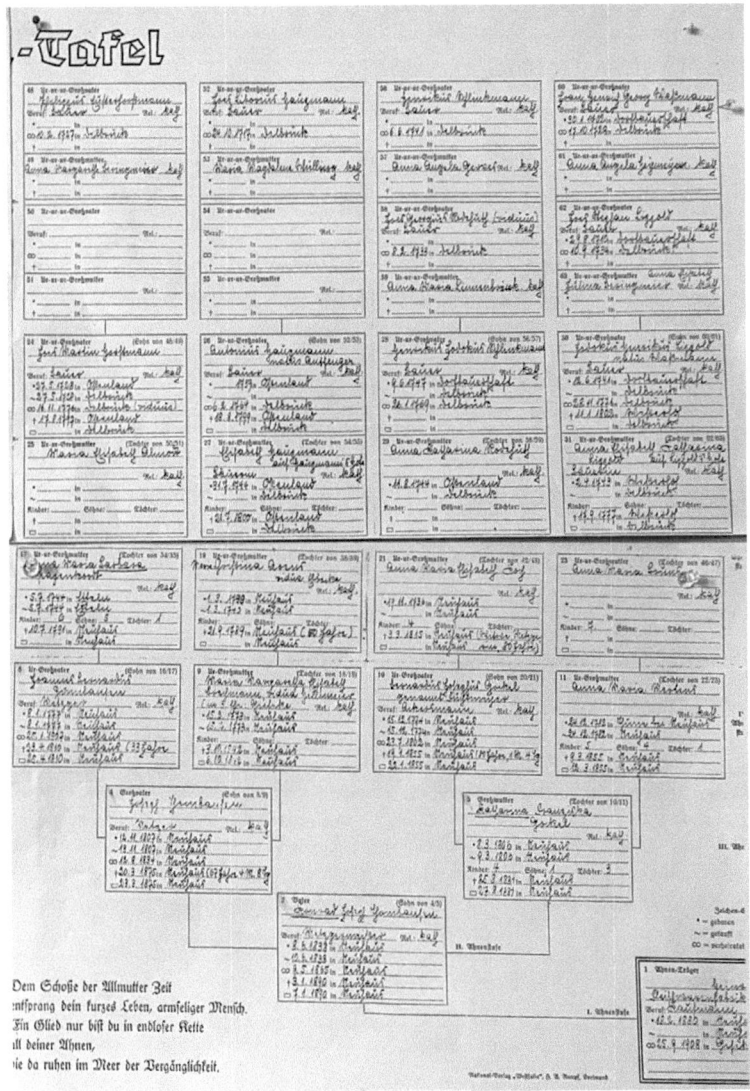

Dem Schoße der Allmutter Zeit
entsprang dein kurzes Leben, armseliger Mensch.
Ein Glied nur bist du in endloser Kette
all deiner Ahnen,
die da ruhen im Meer der Vergänglichkeit.

Thombansen

Johan Evert Zumbans und Johan Bans Nachfahren

Vorfahren in Kattenstroth (Gütersloh)

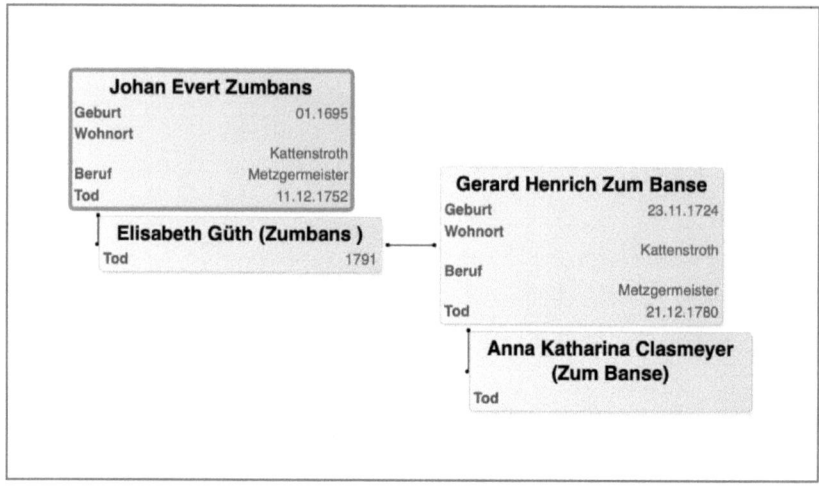

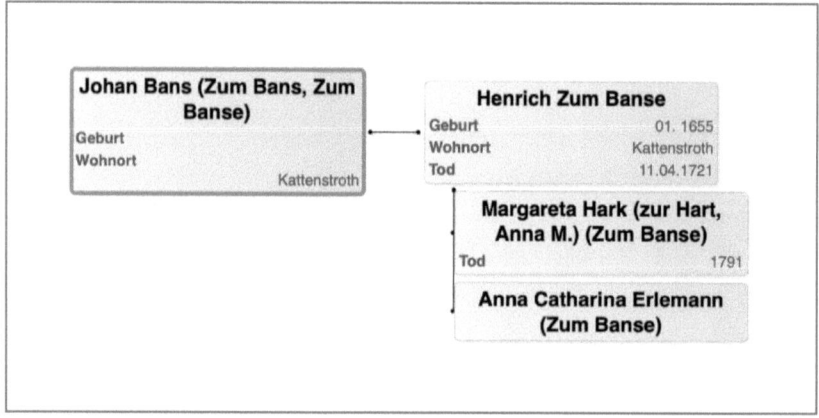

Ewerd Nachfahren - *Erste Generation in Neuhaus*

Jose-
phus-An-
ton-Linie
mit Gast-
stätte
Anton
Thom-
bansen
sowie
Haus
Kirch-
thomban-
sen

Joannes-
Bernar-
dus-Li-
nie
**Metzger
Thom-
bansen**

Denkmal
in Neu-
haus

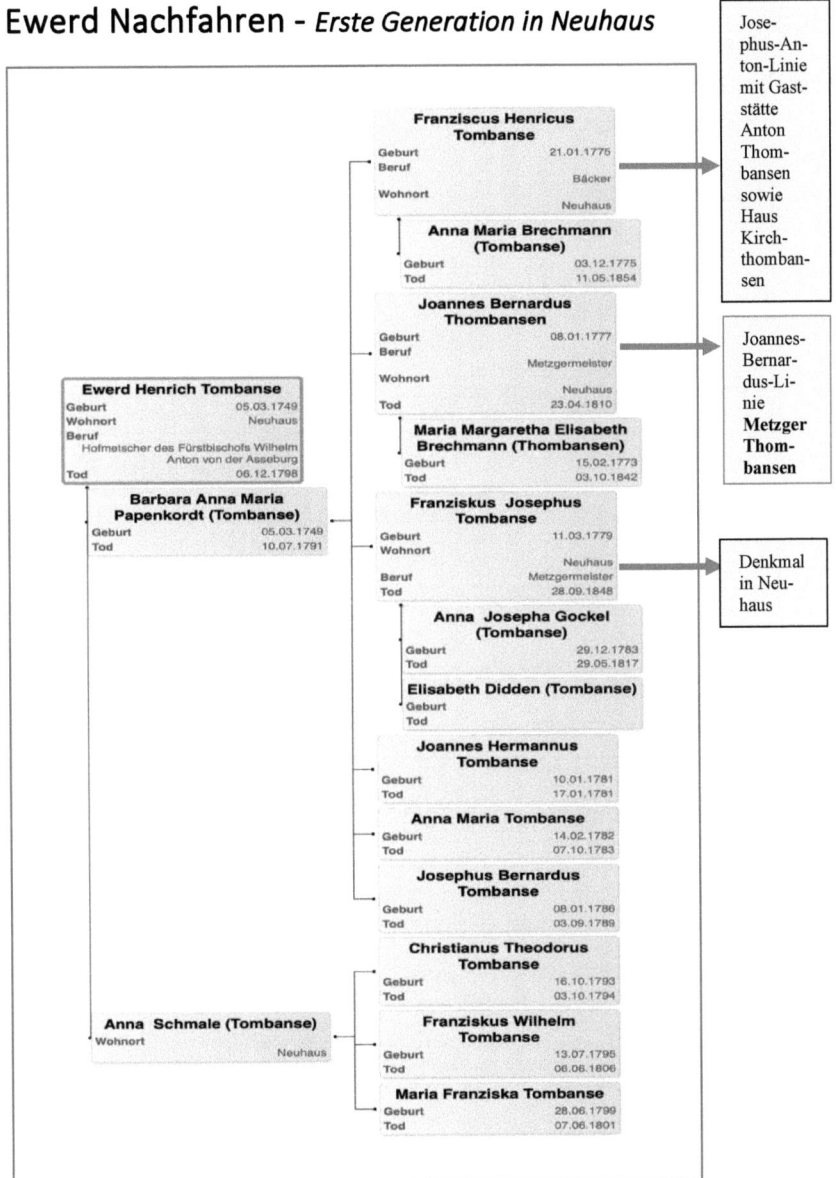

Franziscus Henricus Tombanse
Geburt 21.01.1775
Beruf Bäcker
Wohnort Neuhaus

Anna Maria Brechmann (Tombanse)
Geburt 03.12.1775
Tod 11.05.1854

Joannes Bernardus Thombansen
Geburt 08.01.1777
Beruf Metzgermeister
Wohnort Neuhaus
Tod 23.04.1810

Maria Margaretha Elisabeth Brechmann (Thombansen)
Geburt 15.02.1773
Tod 03.10.1842

Ewerd Henrich Tombanse
Geburt 05.03.1749
Wohnort Neuhaus
Beruf Hofmetscher des Fürstbischofs Wilhelm Anton von der Asseburg
Tod 06.12.1798

Franziskus Josephus Tombanse
Geburt 11.03.1779
Wohnort Neuhaus
Beruf Metzgermeister
Tod 28.09.1848

Barbara Anna Maria Papenkordt (Tombanse)
Geburt 05.03.1749
Tod 10.07.1791

Anna Josepha Gockel (Tombanse)
Geburt 29.12.1783
Tod 29.06.1817

Elisabeth Didden (Tombanse)
Geburt
Tod

Joannes Hermannus Tombanse
Geburt 10.01.1781
Tod 17.01.1781

Anna Maria Tombanse
Geburt 14.02.1782
Tod 07.10.1783

Josephus Bernardus Tombanse
Geburt 08.01.1786
Tod 03.09.1789

Christianus Theodorus Tombanse
Geburt 16.10.1793
Tod 03.10.1794

Anna Schmale (Tombanse)
Wohnort Neuhaus

Franziskus Wilhelm Tombanse
Geburt 13.07.1795
Tod 06.06.1806

Maria Franziska Tombanse
Geburt 28.06.1799
Tod 07.06.1801

Joannes Bernardus Nachfahren

Zweite Generation in Neuhaus

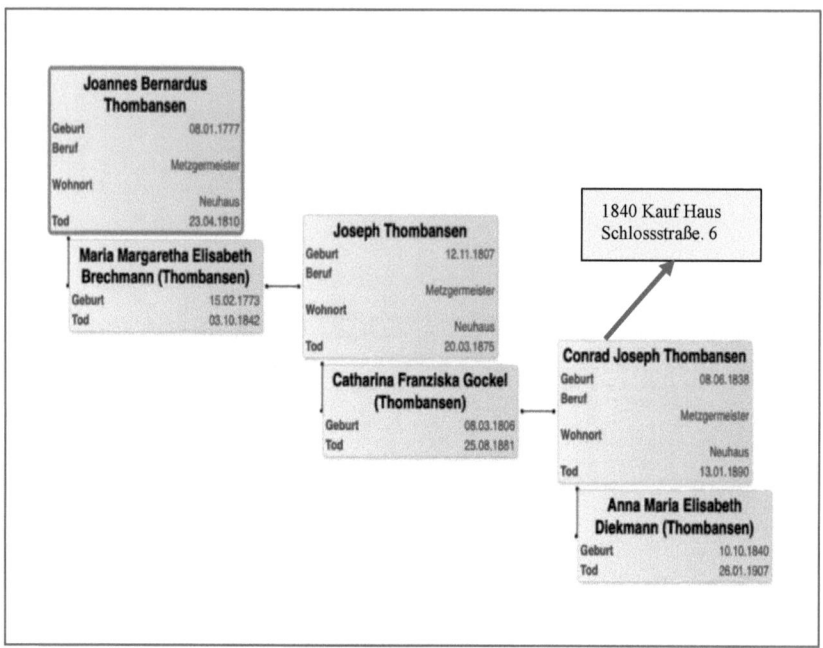

Parallel zu Bernardus: Franziscus-Henricus- und Josephus-Anton-Linien.

Conrad Joseph Nachfahren – *Urgroßeltern von Heiner*

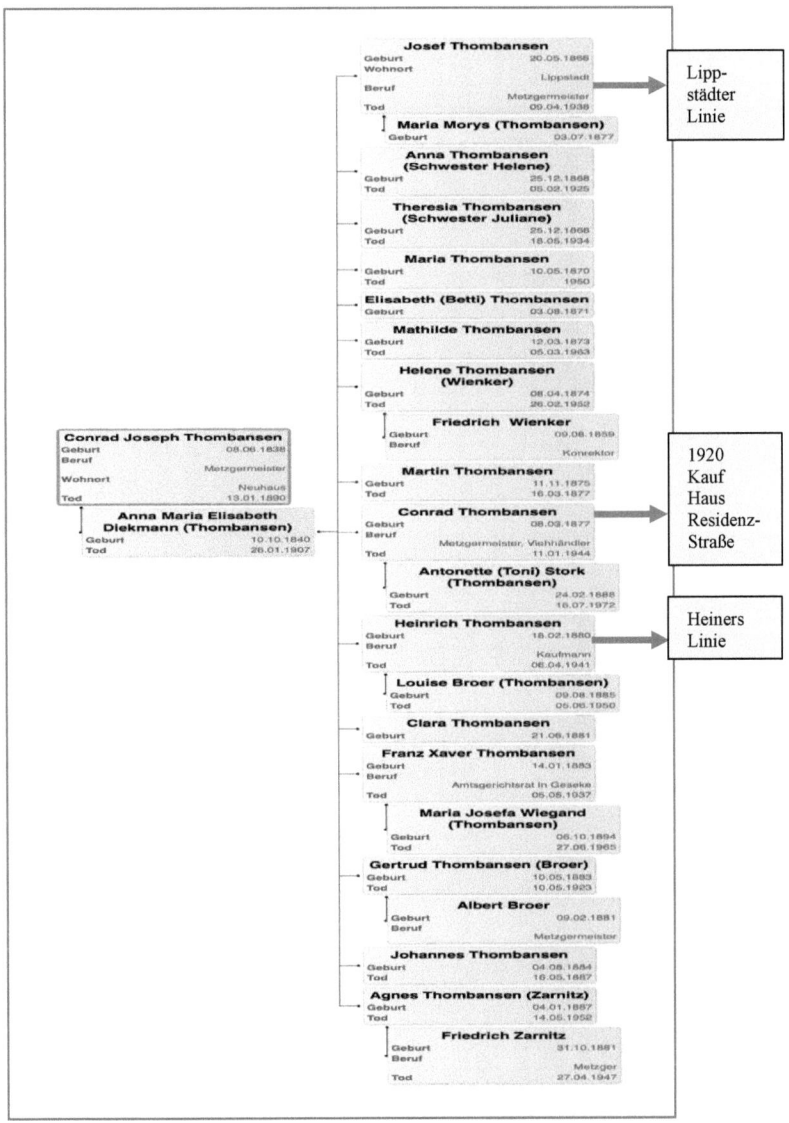

Nachfahren Josef Th. – Diekmann

Josef, Linie Lippstadt; Helene, Linie Wienker

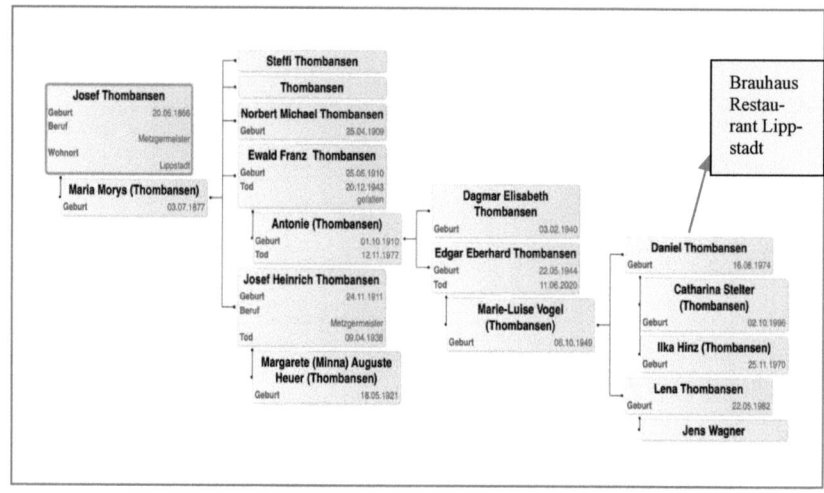

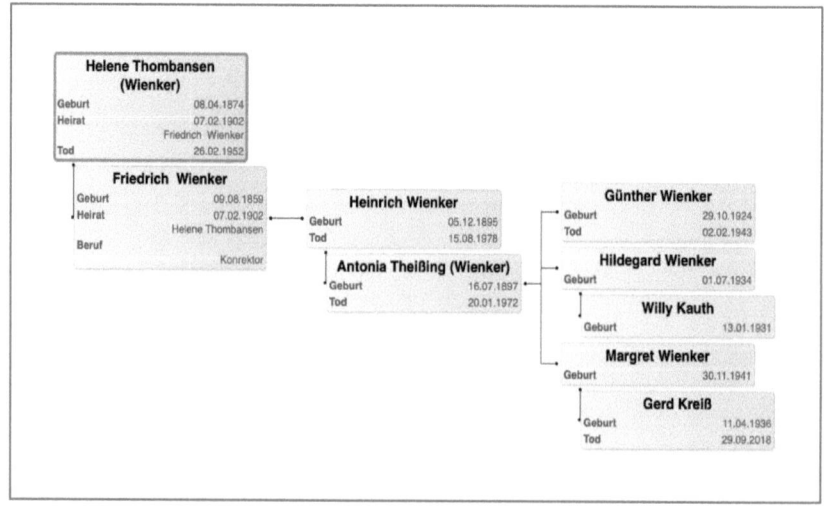

Nachfahren Josef Th. – Diekmann –

Conrad Viehhändler, Residenzstraße, Linien Botschen & Niewöhner

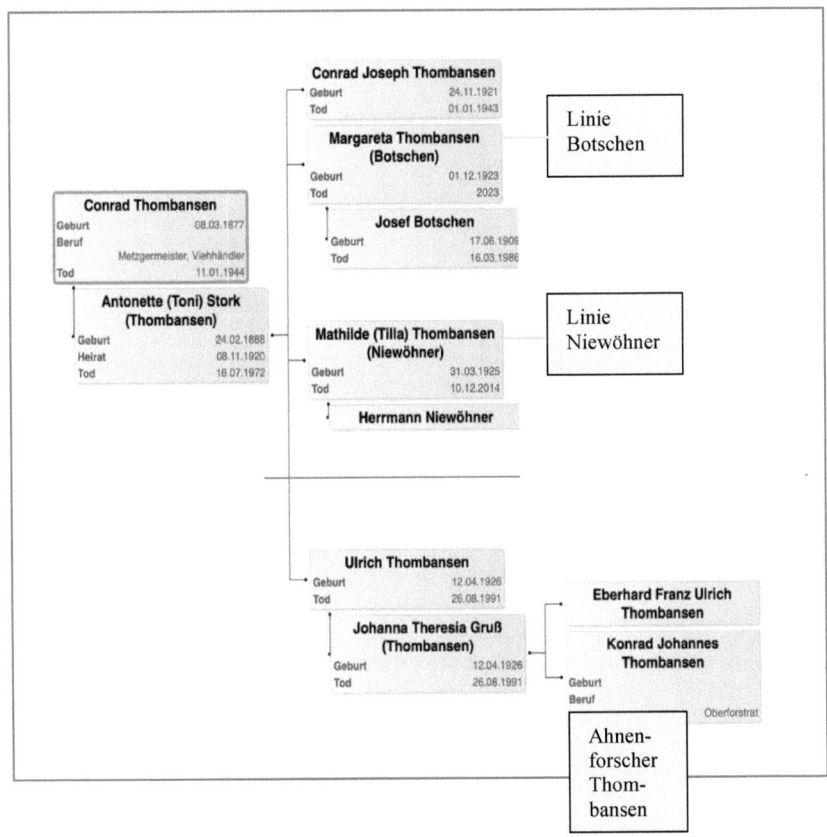

Conrad Joseph Thombansen
Geburt 24.11.1921
Tod 01.01.1943

Margareta Thombansen (Botschen)
Geburt 01.12.1923
Tod 2023

Josef Botschen
Geburt 17.06.1906
Tod 16.03.1986

Linie Botschen

Conrad Thombansen
Geburt 08.03.1877
Beruf Metzgermeister, Viehhändler
Tod 11.01.1944

Antonette (Toni) Stork (Thombansen)
Geburt 24.02.1888
Heirat 08.11.1920
Tod 16.07.1972

Mathilde (Tilla) Thombansen (Niewöhner)
Geburt 31.03.1925
Tod 10.12.2014

Herrmann Niewöhner

Linie Niewöhner

Ulrich Thombansen
Geburt 12.04.1926
Tod 26.08.1991

Johanna Theresia Gruß (Thombansen)
Geburt 12.04.1926
Tod 26.08.1991

Eberhard Franz Ulrich Thombansen

Konrad Johannes Thombansen
Geburt
Beruf Oberforstrat

Ahnen-forscher Thom-bansen

Nachfahren Josef Th. – A. Diekmann *Linie Heinrich*

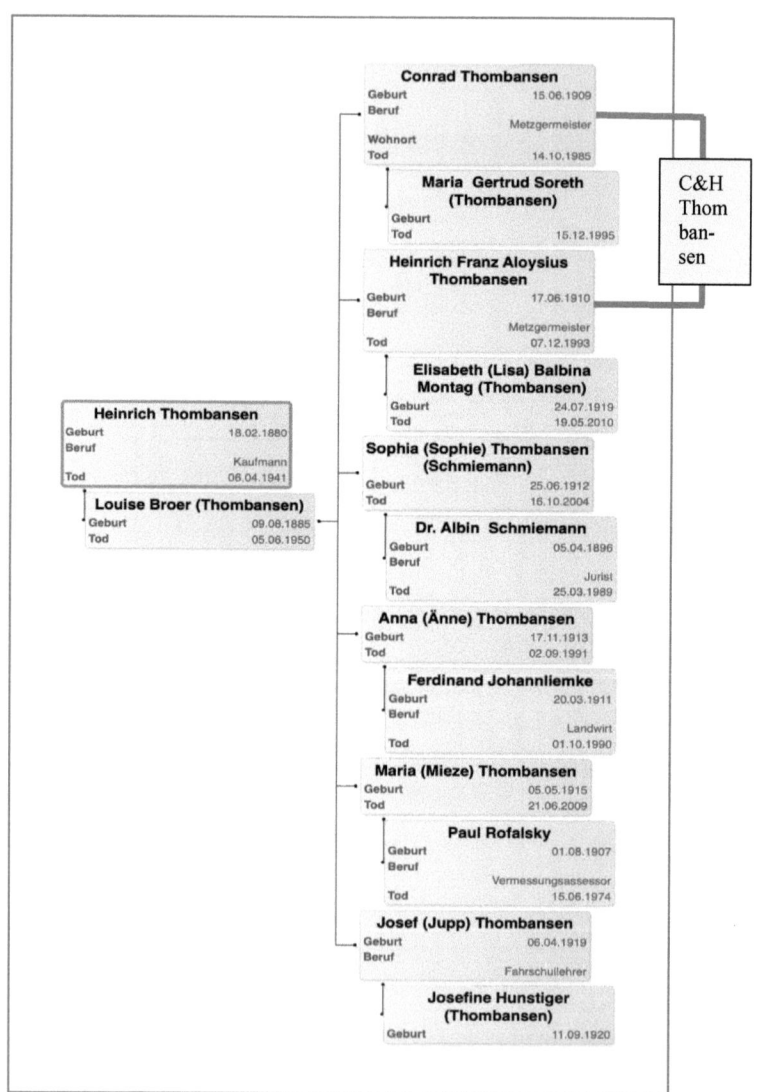

Conrad Thombansen
Geburt 15.06.1909
Beruf
Metzgermeister
Wohnort
Tod 14.10.1985

Maria Gertrud Soreth (Thombansen)
Geburt
Tod 15.12.1995

Heinrich Franz Aloysius Thombansen
Geburt 17.06.1910
Beruf
Metzgermeister
Tod 07.12.1993

Elisabeth (Lisa) Balbina Montag (Thombansen)
Geburt 24.07.1919
Tod 19.05.2010

Sophia (Sophie) Thombansen (Schmiemann)
Geburt 25.06.1912
Tod 16.10.2004

Dr. Albin Schmiemann
Geburt 05.04.1896
Beruf
Jurist
Tod 25.03.1989

Anna (Änne) Thombansen
Geburt 17.11.1913
Tod 02.09.1991

Ferdinand Johannliemke
Geburt 20.03.1911
Beruf
Landwirt
Tod 01.10.1990

Maria (Mieze) Thombansen
Geburt 05.05.1915
Tod 21.06.2009

Paul Rofalsky
Geburt 01.08.1907
Beruf
Vermessungsassessor
Tod 15.06.1974

Josef (Jupp) Thombansen
Geburt 06.04.1919
Beruf
Fahrschullehrer

Josefine Hunstiger (Thombansen)
Geburt 11.09.1920

Heinrich Thombansen
Geburt 18.02.1880
Beruf
Kaufmann
Tod 06.04.1941

Louise Broer (Thombansen)
Geburt 09.08.1885
Tod 05.06.1950

C&H Thombansen

Nachfahren Josef Th. – A. Diekmann

Linien Franz-Xaver & Agnes

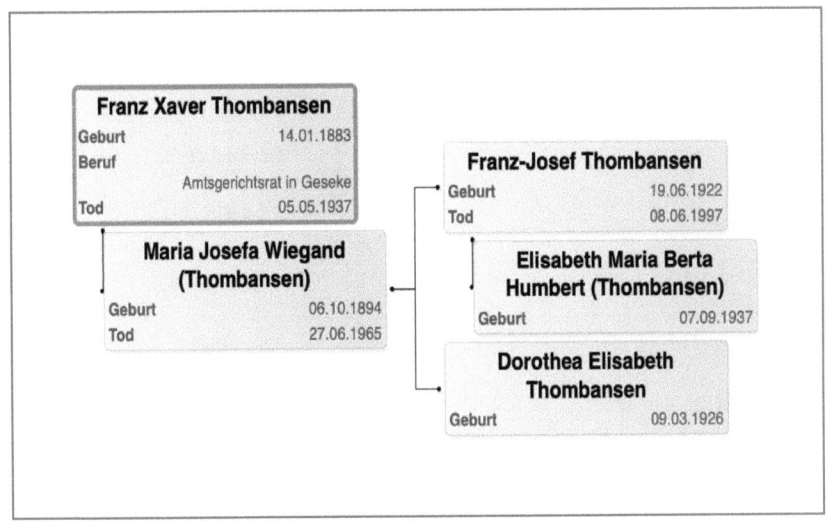

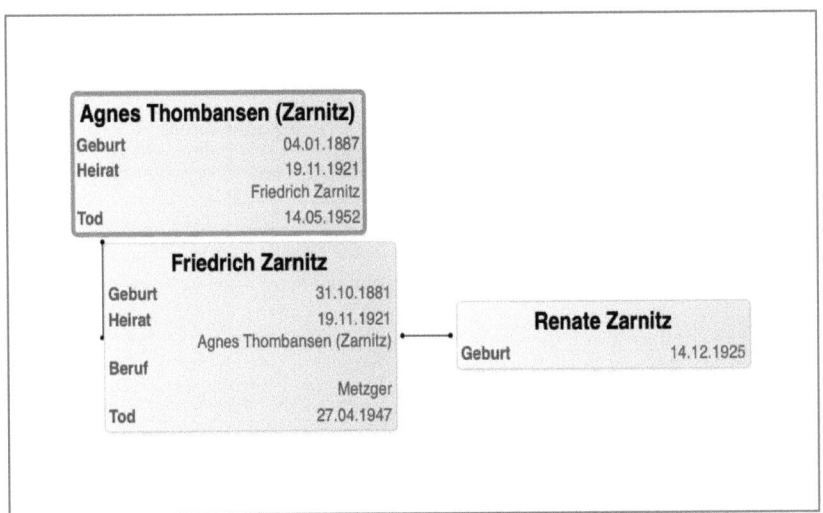

Nachfahren Josef Th. – A. Diekmann

Gertrud, Linie Broer

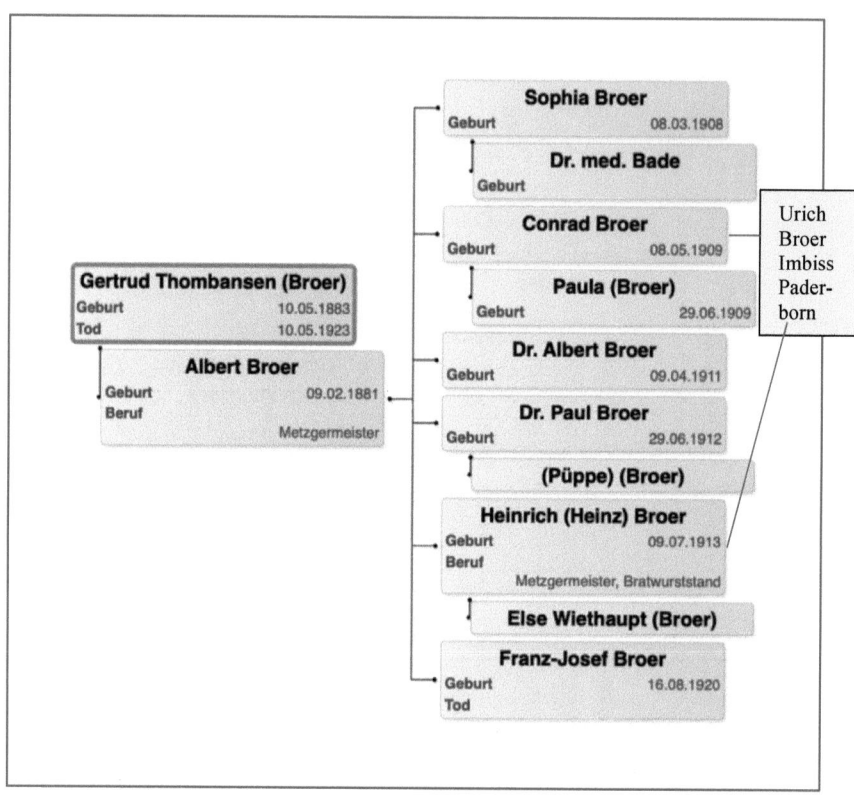

Nachfahren Heinrich Th. – L. Broer

Linien *Conrad & Sophie*

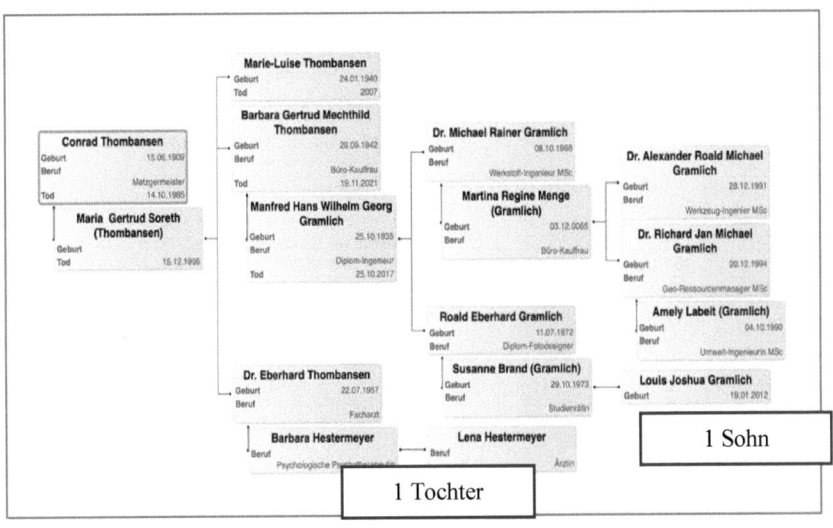

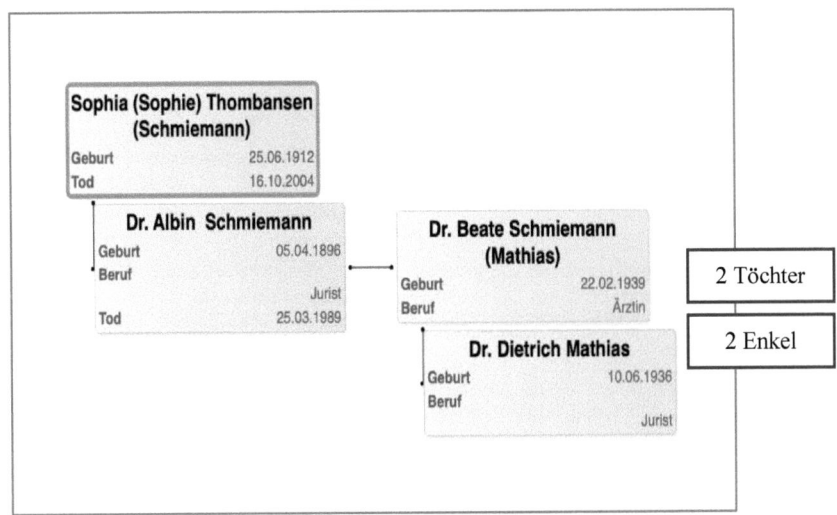

Nachfahren Heinrich Th. – L. Broer

Linie *Heinrich*

Eltern von Heiner

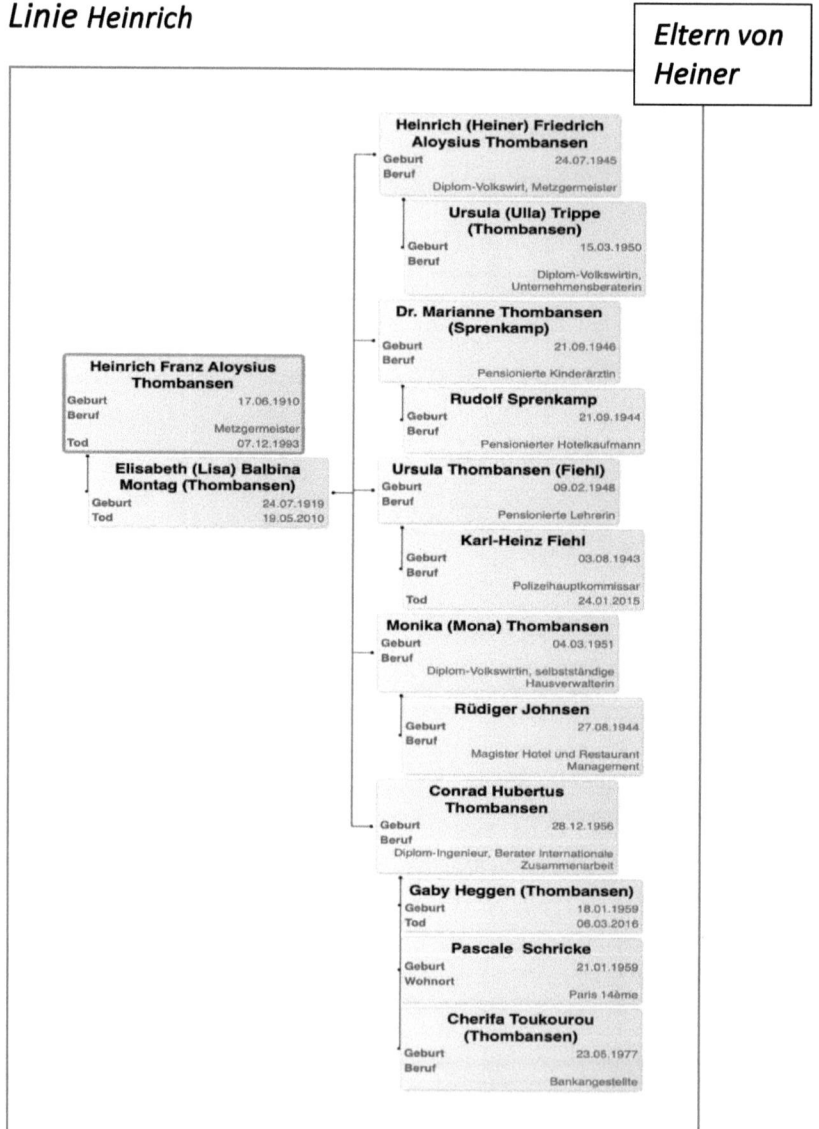

Heinrich (Heiner) Friedrich Aloysius Thombansen
Geburt 24.07.1945
Beruf
Diplom-Volkswirt, Metzgermeister

Ursula (Ulla) Trippe (Thombansen)
Geburt 15.03.1950
Beruf
Diplom-Volkswirtin, Unternehmensberaterin

Dr. Marianne Thombansen (Sprenkamp)
Geburt 21.09.1946
Beruf
Pensionierte Kinderärztin

Rudolf Sprenkamp
Geburt 21.09.1944
Beruf
Pensionierter Hotelkaufmann

Heinrich Franz Aloysius Thombansen
Geburt 17.06.1910
Beruf
Metzgermeister
Tod 07.12.1993

Elisabeth (Lisa) Balbina Montag (Thombansen)
Geburt 24.07.1919
Tod 19.05.2010

Ursula Thombansen (Fiehl)
Geburt 09.02.1948
Beruf
Pensionierte Lehrerin

Karl-Heinz Fiehl
Geburt 03.08.1943
Beruf
Polizeihauptkommissar
Tod 24.01.2015

Monika (Mona) Thombansen
Geburt 04.03.1951
Beruf
Diplom-Volkswirtin, selbstständige Hausverwalterin

Rüdiger Johnsen
Geburt 27.08.1944
Beruf
Magister Hotel und Restaurant Management

Conrad Hubertus Thombansen
Geburt 28.12.1956
Beruf
Diplom-Ingenieur, Berater Internationale Zusammenarbeit

Gaby Heggen (Thombansen)
Geburt 18.01.1959
Tod 06.03.2016

Pascale Schricke
Geburt 21.01.1959
Wohnort
Paris 14ème

Cherifa Toukourou (Thombansen)
Geburt 23.05.1977
Beruf
Bankangestellte

Nachfahren Heinrich Th. – L. Broer

Linien *Mieze & Jupp*

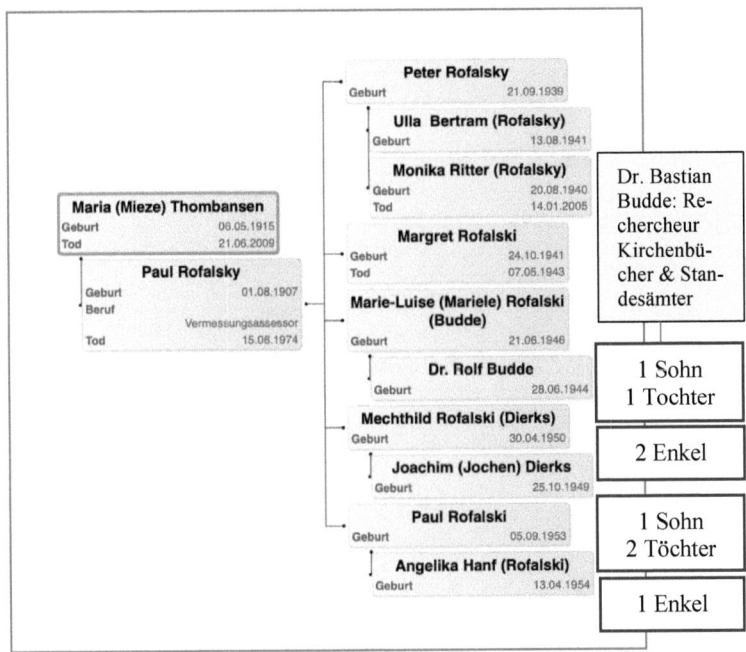

Peter Rofalsky
Geburt 21.09.1939

Ulla Bertram (Rofalsky)
Geburt 13.08.1941

Monika Ritter (Rofalsky)
Geburt 20.08.1940
Tod 14.01.2005

Maria (Mieze) Thombansen
Geburt 06.05.1915
Tod 21.06.2009

Paul Rofalsky
Geburt 01.08.1907
Beruf Vermessungsassessor
Tod 15.06.1974

Margret Rofalski
Geburt 24.10.1941
Tod 07.05.1943

Marie-Luise (Mariele) Rofalski (Budde)
Geburt 21.06.1948

Dr. Rolf Budde
Geburt 28.06.1944

Mechthild Rofalski (Dierks)
Geburt 30.04.1950

Joachim (Jochen) Dierks
Geburt 25.10.1949

Paul Rofalski
Geburt 05.09.1953

Angelika Hanf (Rofalski)
Geburt 13.04.1954

Dr. Bastian Budde: Rechercheur Kirchenbücher & Standesämter

1 Sohn
1 Tochter

2 Enkel

1 Sohn
2 Töchter

1 Enkel

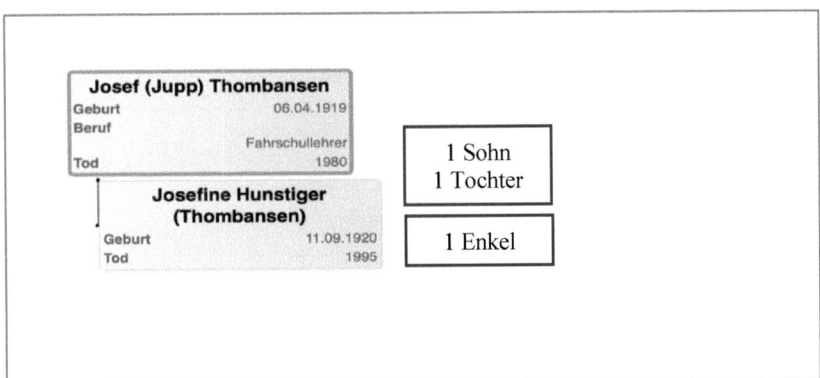

Josef (Jupp) Thombansen
Geburt 06.04.1919
Beruf Fahrschullehrer
Tod 1980

Josefine Hunstiger (Thombansen)
Geburt 11.09.1920
Tod 1995

1 Sohn
1 Tochter

1 Enkel

Nachfahren Heinrich Th. – L. Montag

Heiner & Marianne

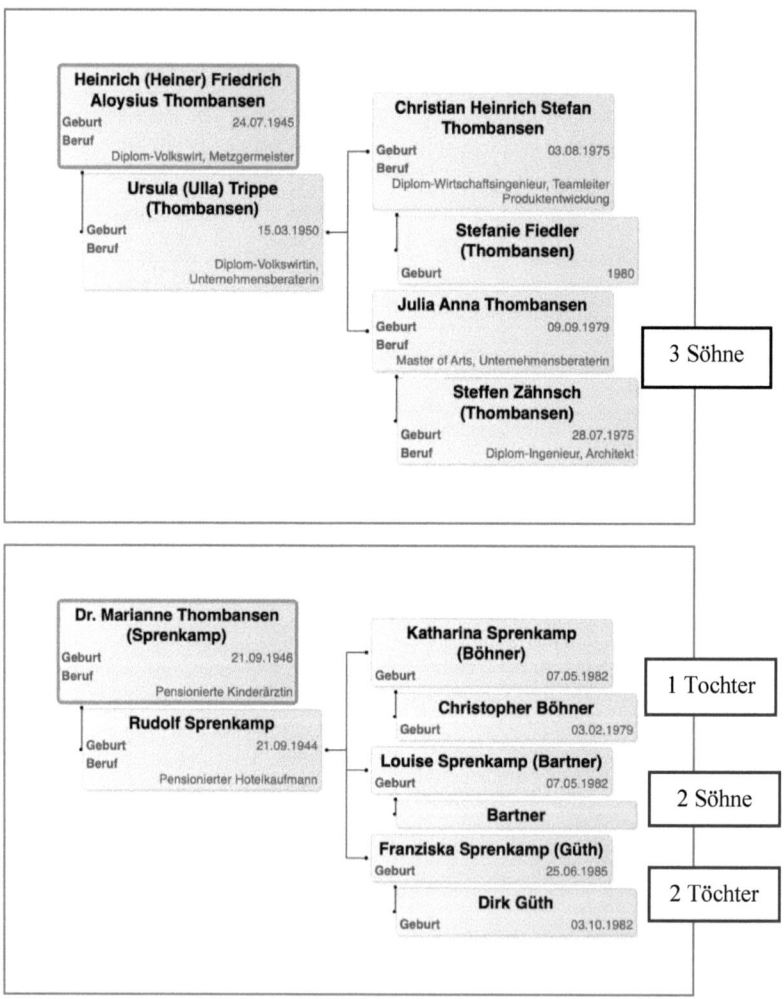

Nachfahren Heinrich Th. – L. Montag – *Ursula & Conrad*

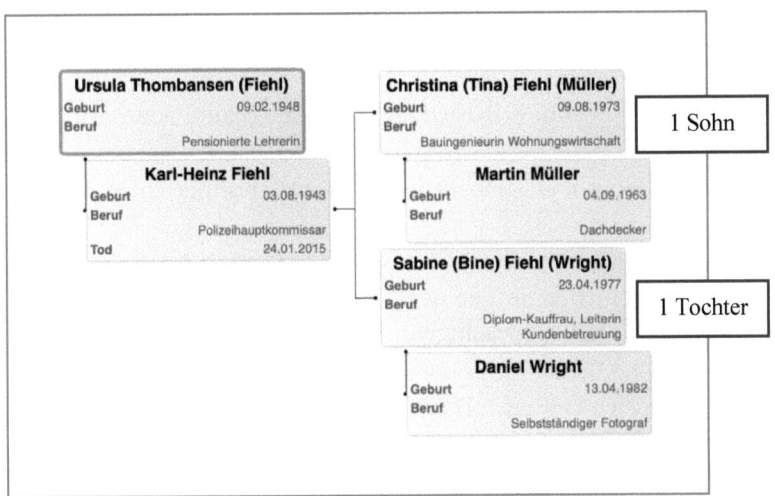

Ursula Thombansen (Fiehl)
Geburt — 09.02.1948
Beruf — Pensionierte Lehrerin

Karl-Heinz Fiehl
Geburt — 03.08.1943
Beruf — Polizeihauptkommissar
Tod — 24.01.2015

Christina (Tina) Fiehl (Müller)
Geburt — 09.08.1973
Beruf — Bauingenieurin Wohnungswirtschaft

Martin Müller
Geburt — 04.09.1963
Beruf — Dachdecker

1 Sohn

Sabine (Bine) Fiehl (Wright)
Geburt — 23.04.1977
Beruf — Diplom-Kauffrau, Leiterin Kundenbetreuung

Daniel Wright
Geburt — 13.04.1982
Beruf — Selbstständiger Fotograf

1 Tochter

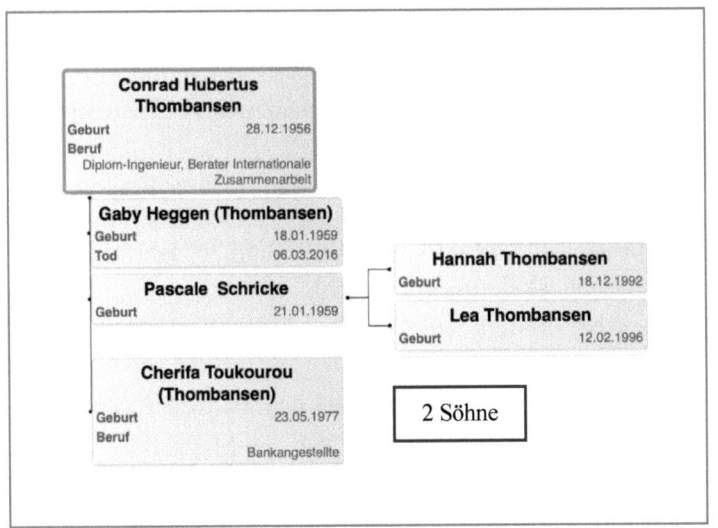

Conrad Hubertus Thombansen
Geburt — 28.12.1956
Beruf — Diplom-Ingenieur, Berater Internationale Zusammenarbeit

Gaby Heggen (Thombansen)
Geburt — 18.01.1959
Tod — 06.03.2016

Pascale Schricke
Geburt — 21.01.1959

Hannah Thombansen
Geburt — 18.12.1992

Lea Thombansen
Geburt — 12.02.1996

Cherifa Toukourou (Thombansen)
Geburt — 23.05.1977
Beruf — Bankangestellte

2 Söhne

Quellen

Literatur

Bauer, Heinz; Hohmann, Friedrich Gerhard: Die Stadt Paderborn.
1977

Drewes, Josef (Hrsg.): Das Hochstift Paderborn. Portrait einer Region.
1997

Heimatverein Schloss Neuhaus 1909 e.V., Michael Pavlicic , et al.
(Hrsg.): Hausinschriften an Fachwerkhäusern im Kirchspiel Neuhaus.
Ein Beitrag zur Siedlungsgeschichte, Volks- und Familienkunde eines
alten kirchlichen Verwaltungsbezirks.1986

Hohmann, Friedrich Gerhard: Das Ende des Zweiten Weltkrieges im
Raum Paderborn. Etwas erweiterte Fassung eines Vortrages vor dem
Verein für Geschichte und Altertumskunde Westfalens, Abteilung
Paderborn, am 15. I. 198

Hunstig, Hans Georg: Zur Geschichte der Juden in der „Reichskristallnacht" in Schloss Neuhaus. „Wer vor der Vergangenheit die Augen
verschließt, der wird am Ende blind für die Gegenwart". Die Residenz, Folge 91, Oktober 1988, Seite 3 ff.

Maron, Walter: Paderborn – Geschichte der Stadt in ihrer Region.:
Vom Ende des Fürstentums bis zur Gründung des Deutschen Reiches
(1802 – 1871): In: Hüser, Karl (Hrsg.): Das 19. und 20. Jahrhundert.
Traditionsbindung und Modernisierung. 2000

Neesen, Marion: Als "König Lustik" regierte. Westfalenblatt vom
31.10.2024

Paderborner Bürgerlisten 1571 – 1624, 1594 KG. B, 1597 Kg. B

Paderbornscher Hof- und Staatskalender 1791 (bei Michael Pavlicic)
und 1799 (Sammlung Thombansen)

Pavlicic, Michael; Krieger, Karla: Baukultur-Atlas, Paderborn-Schloß
Neuhaus. 2023

Pavlicic, Michael: Das 1000-jährige Neuhaus. Die wichtigsten Fakten zur Ortsgeschichte. In: Die Warte 76. Jahrgang, Nr. 170. 2016. Stadt- und Kreisarchiv Paderborn

Pavlicic, Michael: Das fast 1000jährige Neuhaus. Die wichtigsten Fakten zur Ortsgeschichte. In: Bürger-Schützenverein Schloß Neuhaus. 1913 St. Henricus-Bruderschaft e.V., 2013, S. 27

Pavlicic, Michael (Hrsg.). Grothmann, D.; Drewniok, M.: 100 Jahre Bürger-Schützen-Verein Schloß Neuhaus 1913, St. Henricus Bruderschaft e.V. 2013

Pavlicic, Michael: Die Hausinschriften in der Stadtlage von Schloss Neuhaus, in: Hausinschriften an Fachwerkhäusern im Kirchspiel Neuhaus. 1986

Paderbornsches Intelligenzblatt, 18.10.1848, Jahresübersicht, Seite 790, https://digipress.digitale-sammlungen.de/view/bsb10790899_00759_u001/1

Protokollbuch Amtsarchiv Schloss Neuhaus, G Nr. 1552 Stadt- und Kreisarchiv Paderborn M

Rost, Ellen; Allendorf, Otmar; Müller, Rolf-Dietrich; Broer, Bernd. Deutsch-Amerikanische Gesellschaft (Hrsg.): Auf nach Amerika: Beiträge zur Amerika-Auswanderung des 19. Jahrhunderts aus dem Paderborner Land und zur Wiederbelebung der historischen Beziehungen im 20. Jahrhundert, Band 1, 2 und 3. 1994. Stadt- und Kreis-Archiv Paderborn, Inv. Nr. 21.637, 25.647, 33.700

Thombansen, Ulla: Fisch unter Bäumen. Meine Lebensgeschichte als Babyboomerin, Paderborn. 2023

Trox, Eckhard: Von der Entstehung der Provinz Westfalen 1815 bis zur Revolution 1848/ 1849 – Eigenentwicklung zwischen Rheinprovinz und Ostelbien. https://www.lwl.org/westfaelische-geschichte/portal/Internet/input_felder/langDatensatz_ebene4.php?urlID=35&url_tabelle=tab_websegmente

von Schele, Ortsgeschichtliche Sammlung Goretzki, Kreisarchiv Gütersloh. C 01/04-293. unter Vögte: Wüsts Vogtei, Gut Redeburg, S. 15. Fürstliches Archiv Osnabrück, Dep. 6b B III Ur 73 + 80

Ströhmer, Michael, Prof. Dr.: Wirtschaftsregion Pader (1350 – 1950). Neue historische Erkenntnisse und Perspektiven. Vortrag: Freunde der Pader. 18.07.2019, https://www.freunde-der-pader.de/images/Manuskript_Vortrag-Ströhmer_Wirtschaftregion-Pader.pdf

Wurm, Fr., Dr. (Hrsg.), Schloss Neuhaus. Geschichte von Ort und Schloss. 1936/ 1957

Digitale Verweise (aufgerufen am 26.07.2024)

https://de.statista.com/statistik/daten/studie/310568/umfrage/anzahl-der-betriebe-im-fleischerhandwerk-in-deutschland/

https://www.duden.de/rechtschreibung/Banse

https://www.google.com/search?client=safari&rls=en&q=Standorte+Benteler&ie=UTF-8&oe=UTF-8#vhid=/g/1wbfzhqq&vssid=global

https://www.nw.de/lokal/kreis_paderborn/paderborn/20452589_Ein-Ende-mit-Schrecken.html#

https://www.oldnews.com/de/record

https://wiki.genealogy.net/Fleischerei#:~:text=Jahrhundert%3A%20Ein%20Handwerker%2C%20welcher%20das,in%20Niedersachsen%20als%20Schlächter%2C%20Fleischhauer%2C

https://de.wikipedia.org/wiki/Adler_Trumpf

https://de.wikipedia.org/wiki/Eskadron

https://de.wikipedia.org/wiki/Novemberrevolution

https://de.wikipedia.org/wiki/Spartakusaufstand

Kirchenbücher und Standesämter

Landesarchiv NRW Abteilung Ostwestfalen-Lippe; P 3 12 / Paderborn - Landkreis, Nr. 2343, Sterberegister Standesamt Neuhaus 1890, Nr.1; 1875, Nr.34

Landeskirchliches Archiv der Evangelischen Kirche von Westfalen / Kirchenkreis Gütersloh / Gütersloh / Trauungen 1675-1714 + 1713-1732, Taufen 1675-1732 Band 1, S. 17 (Bild 12); Band 1, S. 34 (Bild 21); S.504 (Bild 317); 1676 - 1732, Band 2, S. 328 (Bild 168); 1754 + 1758-1801 Band 5, S.12

Landeskirchliches Archiv der Evangelischen Kirche von Westfalen/ Kirchenkreis Gütersloh/ Gütersloh/ Beerdigungen 1744-1801

Kirchenbuch Gütersloh, St. Pankratius, Taufen KB001-02-T, S.2

Kirchenbuch Gütersloh, St. Pankratius, Trauungen, KB002-02-H, S. 226

Kirchenbuch Gütersloh, St. Pankratius, KB004-03-S, Sterbefälle, 1780-1787, S. 40

Kirchenbuch Neuhaus , Sterbefälle 1821 bis 1843, Seite 147 , Nr. 15

Paderborn, rk Erzbistum Gütersloh, St. Pankratius Taufen, KB002-03-T, S. 239

Paderborn, rk Erzbistum Paderborn, Taufen KB003-01-T, S.200

Paderborn, rk Erzbistum Paderborn, St. Pankratius (Marktkirche) Trauungen, KB006-03-H, S. 169

Paderborn, rk Erzbistum Paderborn, St. Heinrich und Kunigunde, Neuhaus, Taufen KB004-01-T, S. 41

Paderborn, rk Erzbistum Paderborn, St. Heinrich und Kunigunde, Trauungen, KB003-02-H; KB005-01-H, S.24-25; KB010-01-H, S. 11

Paderborn, St. Heinrich und Kunigunde, rk, KB003-03-S, Sterbefälle, S.472; KB006-01-S